¡Dejad de pelearos!

*«... quería tener una hermana menor.
Aún hoy es, sin duda, el único lazo
de parentesco que me conmueve».*
Jean-Paul Sartre, *Las Palabras.*

Nicole Prieur
Isabelle Gravillon

¡DEJAD DE PELEAROS!

¿Debemos intervenir en los conflictos de los niños?

dve
PUBLISHING

Introducción

Nada más trivial e intrascendente que una pelea entre hermanos. Y, sin embargo, no debe de serlo tanto cuando se dispone a leer este libro. Así pues, esta cuestión le resulta preocupante: ¿es normal que mis hijos riñan tanto?, ¿por qué me cuesta tanto soportarlo?, ¿es sólo por el ruido que hacen, o estas trifulcas fraternas despiertan en mi interior un malestar de mayor calado? Quizá se haya planteado preguntas como estas, por otra parte totalmente legítimas.

Debemos reconocer que la sociedad actual no nos ayuda en absoluto a permanecer serenos frente a las querellas de nuestra prole. En efecto, actualmente todo se articula como si la familia carente de conflictos constituyese el ideal absoluto que alcanzar. Y, sin embargo, este modelo familiar basado en el consenso total no es más que un mito, muy peligroso, además. La verdad es que el vínculo fraterno no puede prescindir de la hostilidad, ni siquiera del odio. Impedir que estos sentimientos, *a priori* negativos, se expresen con total libertad en la relación fraternal, también conlleva impedir que nazca el amor y la complicidad entre hermanos. Porque lo segundo es inseparable de lo primero, como dos caras de la misma moneda. Dicho de otro modo: cuanta mayor libertad tengan sus hijos a la hora de pelearse sin sentir que le están decepcionando ni ser juzgados como «demonios», más se querrán y entenderán en otros momentos. No obstante, no se trata de mirar cómo se destripan entre sí sin intervenir. Esto sería demasiado simple. No debemos permitir que los niños resuelvan sus conflictos por sí solos, ya que correríamos el riesgo de que los más fuertes impongan su ley a los más débiles en el marco de la relación fraterna. Así no habría igualdad de condiciones. Por ello, al enfrentarse a las peleas entre hermanos, los padres deberán encontrar el justo equilibrio, interviniendo con tacto de forma que cada uno de los niños pueda experimentar, de forma alternativa, los roles de perdedor y ganador.

Como es obvio, esto implica no dar siempre la razón a uno y regañar al otro, algo que puede ocurrirnos más a menudo de lo que debería sin ni siquiera darnos cuenta. Para ser conscientes de ello, basta con tomarse el tiempo necesario para cuestionarnos con total honestidad nuestros modos de actuación frente a cada uno de los hijos. Por otra parte, esto no debe sorprendernos en absoluto. Los vínculos establecidos con los hijos son de una complejidad enorme y dependen en gran medida de nuestro pasado y de nuestra vida en pareja, así como de otros factores, entre los que cabe destacar, en primer lugar, el inconsciente.

Este libro pretende ayudar a los padres a cuestionarse el modo de funcionamiento de la vida familiar. No obstante, su objetivo fundamental consiste en infundir ganas de usar la imaginación para inventar nuestras propias soluciones a la hora de enfrentarnos con mayor tranquilidad a las riñas entre niños y sacarles el mejor partido. Y es que, por muy agotador que resulte soportarlas, las peleas fraternas son útiles en la medida en que permiten que la constelación familiar «se mueva». A través de ellas, los niños envían mensajes a sus padres para hablarles de sí mismos, de sus expectativas y, en ocasiones, de su malestar. Cuando se pegan entre sí, es como si dijesen: «Papá, mamá, miradnos, escuchadnos, intentad comprendernos». Así pues, esperamos que estas páginas contribuyan a poder mirar con otros ojos este tipo de conflictos, desde una nueva perspectiva más receptiva y menos crispada.

Capítulo 1

El pesado lastre del mito de la fraternidad

Existe una tendencia exagerada a pensar que, en una familia feliz, no hay cabida para los conflictos entre hermanos. Esto es un error: las peleas fraternas no sólo son inevitables, sino también útiles.

La era de la familia intachable

Muy pocos entre nosotros pueden evitar sentir incomodidad, a veces incluso vergüenza, cuando nuestros hijos riñen, se pegan o se lanzan improperios en presencia de terceros. ¿Qué pensarán los demás, los amigos, vecinos o abuelos? Sin duda, que no tenemos grandes dotes como educadores, puesto que no somos capaces de hacer reinar la armonía en nuestra prole. Quizá también crean que nuestros hijos deben estar bastante trastornados para mostrarse tan agresivos entre sí. En pocas palabras: estamos convencidos de que una simple riña entre chavales acarreará necesariamente la desaprobación de nuestro entorno.

Por otra parte, cuando las peleas de nuestros hijos se producen a puerta cerrada, en la intimidad del hogar, no por ello nos desestabilizan menos. Por el contrario, nos afectan profundamente, como si fuese impensable que una familia feliz pueda hundirse en el infierno de las riñas fraternas. ¿Por qué otorgamos tanta importancia a estas pequeñas dificultades entre hermanos, tan habituales, sin embargo, en la vida familiar? Porque, en parte, somos víctimas de la época que nos ha tocado vivir.

Y es que la época actual exalta sin ambages el ideal de familia sin conflictos. Mientras que fuera de este ámbito se imponen el paro y la violencia, y la sombra del divorcio amenaza omnipresente, para muchos la familia constituye el último refugio, la protección absoluta: por ello debe ser perfecta, dar calor y tranquilidad, ser pacífica. Se trata de una concepción sin altibajos, poco compatible con las peleas. Y esperamos de nuestros hijos que nos devuelvan la imagen de esa familia ideal que tratamos, mal que bien, de construir; así es que más vale que se «comporten». Por último, la inocente y empalagosa representación del vínculo fraterno ofrecida por la eterna serie televisiva *La casa de la pradera* no ha sido diseñada, precisamente, para disgustarnos. Así, para gozar de una serenidad plena, debemos estar seguros de que nuestros hijos se quieren con un amor incondicional e intachable.

Un mito que viene de lejos

Es necesario apuntar que, en cuanto a ideología familiar, cargamos con el lastre de una historia larga y muy pesada. La fraternidad siempre ha constituido uno de los grandes sueños de la humanidad, uno de los grandes mitos fundadores de nuestra civilización. Por algo es uno de los tres principios inscritos en los frontones de las instituciones de la República Francesa. E incluso antes de la Revolución Francesa, durante el Antiguo Régimen, en muy raras ocasiones se mostraban a plena luz los conflictos entre hermanos, lo que, desde luego, no impedía la existencia de odios latentes y tenaces. La ley y la tradición establecían minuciosamente, desde el mismo nacimiento, el lugar que debía ocupar cada uno de los hijos: el primogénito heredaba la fortuna familiar, el segundo ingresaba en filas, el tercero en el clero, y así sucesivamente. Dentro de este corsé social, que nadie osaba poner en duda, las peleas fraternas eran inútiles y carecían de sentido. Por tanto, o bien no tenían lugar, o bien apenas se les otorgaba importancia. En cualquier caso, nunca llegaban a afectar al rol de los padres.

Con el paso de los años, se fue reafirmando este mito de la familia ideal, en cuyo seno es necesario entenderse por encima de todo, acelerándose además durante los siglos xix y xx. En este sentido, el ré-gimen de Vichy en Francia constituye una etapa fundamental. En aquella época, las instituciones políticas se apoyaron en la familia como piedra angular de la sociedad. Pero no en cualquier familia: una familia cimentada en torno a los valores de esfuerzo, trabajo y honor. Y, de nuevo, con posiciones muy bien definidas para cada uno de sus componentes: el padre trabajaba fuera de casa; la madre se ocupaba de los hijos en el hogar (y cuantos más, mejor, ya que eran signo de auténtica riqueza); y estos, rebosantes de respeto hacia sus progenitores, estaban sometidos a la autoridad patriarcal y evitaban a toda costa cualquier tipo de provocación. En este contexto, como es obvio, no quedaba ningún espacio para las riñas, que habrían originado desorden en una sociedad que, sobre todo, ensalzaba el orden como ideal supremo.

Algo después, con el acceso a conocimientos sobre psiquismo y funcionamiento de las relaciones intrafamiliares, gracias a la difusión del psicoanálisis, creímos ingenuamente que era posible rimar comprensión con control. Imaginamos, de forma bastante inocente, que los consejos de un psicólogo en cualquier ámbito, ampliamente difundidos a través de la prensa femenina y familiar, nos ofrecerían en bandeja la receta de la convivencia plena y positiva. Y ahí radican nuestras dudas: ¿cómo es posible tener en casa niños que se pasan el día zurrándose cuando se han leído de forma concienzuda las obras completas de Dolto, por ejemplo? Debemos de haber cometido un error en algún momento…

El peso de la infancia

Al margen de estas explicaciones relacionadas con el contexto actual y la fuerza de la historia, el mito de la familia intachable también se encuentra muy arraigado en la historia «con minúsculas», es decir, la nuestra, la de nuestra vida e infancia. El hecho de que los conflictos entre nuestros hijos nos den tanto miedo se debe también, con toda probabilidad, a que nos remiten a los que nosotros vivimos con nuestros propios hermanos cuando éramos pequeños. De esta forma, vemos una oportunidad, claramente ilusoria, de arreglar el pasado y nuestra propia experiencia fraterna intentando borrar las peleas actuales. El hecho de que nos resulte muy difícil soportar la expresión de los celos, la rivalidad e incluso el odio entre nuestros hijos, se debe sin duda a que, en otras ocasiones, hemos experimentado estos mismos sentimientos exacerbados. Cuando nos sentimos totalmente desestabilizados por una pelea algo violenta entre nuestros vástagos, y no sabemos si dejarlos que se las arreglen solos, intervenir, tomar partido o defender al más débil contra el más fuerte, es probablemente porque nuestros propios padres no siempre nos otorgaron el lugar a que aspirábamos en el seno fraterno.

No obstante, debemos tener cuidado con este tipo de actitudes, ya que vivir las disputas de nuestros hijos a través del prisma de la experiencia pasada (y quizás incluso presente: al fin y al cabo, cabría preguntarse en qué punto nos encontramos en las relaciones con nuestros hermanos) no puede llevarnos sino al error. Cada generación ocupa un lugar distinto y pone en juego elementos diferentes, que no debemos mezclar: esta es la mejor forma de establecer un vínculo sano con los hijos. Si las relaciones con nuestros propios hermanos nos incomodan hasta el punto que parecen afectar a nuestra descendencia, quizás haya llegado el momento de reflexionar sobre las mismas y encontrar una solución al nivel en que radica el problema, es decir, en el «estrato» de nuestra generación de padres. Evitando mantener la confusión y vivir las emociones en lugar de nuestros hijos, todo serán beneficios, ya que permitiremos instaurar en cada caso una línea de separación fundamental e indispensable entre ellos y nosotros.

Por último, otro factor que explica nuestra dificultad para aceptar los conflictos existentes entre nuestros hijos es, sin lugar a dudas, una incapacidad para aceptar su sufrimiento. Cuando los hermanos se pegan y ajustan cuentas, a menudo se hace sin concesiones y de forma muy violenta, y la visión de nuestros hijos heridos o magullados nos recuerda que no podemos protegerlos contra todo. Sin embargo, aunque en ocasiones nos cueste reconocerlo, la realidad es que no somos todopoderosos. Quizá, recordar el hecho de que un niño descubre y desarrolla sus propios recursos, es decir, se refuerza, cuando consigue superar momentos dolorosos en la vida, pueda ayudarnos en este tipo de situaciones.

Una realidad necesariamente enfrentada

En este punto debemos hacer hincapié en el enorme abismo que separa esta concepción de la familia, casi aséptica, en la que hemos desembocado en la sociedad actual, de los tortuosos vínculos fraternos descritos en los escritos bíblicos de los albores de la humanidad. Recordemos, a modo de ejemplo, el asesinato de Remo a manos de Rómulo, o la ejecución de Abel por parte de su hermano, Caín. Así pues, hubo una época en que se admitía que el amor entre hermanos no era algo automático, ni mucho menos, y que la presencia del odio en las relaciones fraternas era totalmente normal. Una época en que se osaba sumergirse en lo más profundo de la realidad fraterna, lo que hace emerger sin duda pulsiones agresivas.

¿Cómo hemos llegado a desear borrar por completo este aspecto sombrío del vínculo fraterno? Quizá, precisamente, para conjurarlo. Erigiendo la fraternidad sin falla ni tacha como objetivo que alcanzar para cualquier familia merecedora de este nombre, quizá se tenga la esperanza de mantener a raya los sentimientos existentes en nuestros hijos, que han de ser por la fuerza ambivalentes.

Esta referencia a mitos primigenios y sanguinarios no es superflua. Evidentemente (y demos gracias por ello), no se corresponden ni mucho menos con nuestra realidad familiar cotidiana, y no es muy probable que llegue un día en que los conflictos de nuestros hijos alcancen esta amplitud.

Sin embargo, en la medida en que estas narraciones nos traen a la mente una dimensión del vínculo fraterno que tendemos a ocultar de forma totalmente voluntaria, es necesario realizar el esfuerzo de comprenderlas.

Nos ayudarán a aceptar mejor las rivalidades fraternas que observamos cada día en nuestro hogar, así como a vivirlas como algo completamente normal e incluso útil.

El carácter inevitable de los conflictos

En el fondo, todos sabemos que el entendimiento total no existe, y menos en nuestra época que en el pasado. En efecto, hoy en día cualquier padre conoce muy bien el significado de «democracia familiar», esa tendencia a explicar y negociar con los hijos las prohibiciones establecidas porque ya no es posible imponerlas mediante la fuerza y el autoritarismo. En este contexto de igualdad de condiciones, en que se reconoce al niño como un sujeto de pleno derecho situado al mismo nivel que los adultos, resulta inevitable que las reivindicaciones gocen de mayor expresión. La nuestra es, sin duda, una época paradójica: vemos con malos ojos el conflicto, que consideramos una amenaza para la familia, pero nunca antes se había exteriorizado tanto. Y esto contribuye, sin lugar a dudas, a acentuar aún más nuestro malestar.

De esta forma, cualquier retoño se siente autorizado a reivindicar que odia a su nuevo hermanito o hermanita, que acaba de llegar a la familia trastornando su equilibrio, o bien al hermano mayor, que le impide crecer y bloquea su horizonte. Ningún problema: si no fuese porque estos sentimientos tan intensos se expresan abiertamente, los padres no podrían llegar a actuar, poder idear soluciones y mostrarse inventivos. Por tanto, la mejor actitud que puede adoptarse es contar con una realidad fraterna conflictiva y aceptarla como tal.

Ninguna otra relación posee una geometría tan variable como el vínculo fraterno: lo que ahora es complicidad total entre hermanos se convierte, diez minutos más tarde, en odio y competición. El reconocimiento de estos dos polos constituye el único modo de no encasillar a los niños en una relación artificial, ya sea caracterizada por una falsa armonía sin la más mínima dificultad, porque en la familia no hay cabida para este tipo de «desviaciones», o bien por una violencia permanente, atizada, sin duda de forma inconsciente, por unos padres incapaces de concebir otro modo de funcionamiento o que sencillamente no lo desean.

La figura de los padres como garantes

Por otra parte, no debe cundir el pánico: las peleas entre hermanos, por muy duras que puedan parecernos, no constituyen necesariamente una catástrofe. Por el contrario, permiten a cada niño posicionarse con respecto al otro y delimitar su lugar en el seno de la familia. Tan sólo mediante una pelea o un altercado de dimensiones considerables podemos evitar ocupar el rol que un hermano quiere endosarnos por la fuerza, así como acceder al lugar que nos corresponde. Se trata de un método muy eficaz para reafirmar la propia individualidad. Las peleas ayudan a crecer y a construirse a uno mismo. Aunque una relación sea muy conflictiva, aunque el amor no acabe de «cuajar» entre los hermanos (lo que puede ocurrir), esto no implica que el niño vaya a quedar necesariamente «marcado». En algunos casos, es posible que el niño sienta una necesidad más imperiosa de defender su territorio que de sentirse querido por su hermano. Conseguir que se reconozca y respete su posición puede resultar fundamental para ayudarle a desarrollar un buen concepto de sí mismo. Además, el amor proporcionado por los padres ya contribuye en gran medida a colmarlo y tranquilizarlo en el plano afectivo.

Eso sí, en cualquier caso, debemos tener cuidado: si bien no debe obligarse a un niño a querer a sus hermanos, sí es necesario que los respete, no debiendo maltratarlos, en el sentido psicológico de la expresión y, muy especialmente, en el físico. Los padres deben asegurarse de que están desempeñando su rol de protectores y garantes de la identidad física y psíquica de cada uno de los hermanos, una cuestión que trataremos en profundidad más adelante. ¿Cómo hacerlo? Dando con la justa medida: permitir que se exprese el conflicto pero velando por que no sea siempre el mismo niño el que se lleve el gato al agua ni se inicien o consoliden procesos de humillación.

Evidentemente, muy a menudo hay un abismo entre la teoría y la práctica. A pesar de nuestra buena voluntad, no conseguiremos enfrentarnos con serenidad a las peleas de nuestros hijos y manejarlas con eficacia en un solo día, como si de un milagro se tratase. Si hasta el día de hoy nos trastornaban o irritaban profundamente y nos dejaban sin recursos, hará falta tiempo y, sobre todo, cierto grado de valentía, para aceptar realizar una revisión a fondo de nuestras formas de actuar.

Por otra parte, hoy en día la tarea de los padres resulta aún más difícil si tenemos en cuenta que ya no existe un único modelo de educación que pueda aplicarse a todas las familias, como en otros tiempos. Así pues, cada cual debe llegar a establecer sus propias instrucciones de uso, a tientas, en función de su historia y configuración («clásica», monoparental, reconstituida, numerosa, etc.). Un desafío más que difícil de conseguir...

Lo esencial

A menudo nos resulta muy difícil soportar que nuestros hijos se peleen. Sus conflictos nos remiten a la imagen de una familia desunida y nos hacen pensar que no somos buenos padres.

Esta creencia de que los hermanos deben quererse ante todo y por encima de todo, o como mínimo no exteriorizar sus rivalidades, nos viene impuesta por la historia. Tan sólo los mitos antiguos reconocen la violencia del vínculo fraterno.

El vínculo fraterno oscila necesariamente entre el amor y el odio. Reconocer los conflictos entre hermanos constituye el mejor modo de poder superarlos y extraer de ellos algo constructivo.

Capítulo 2

Un hermano, un intruso

Con independencia del rango que se ocupe en la relación fraterna, en determinados momentos un hermano constituye necesariamente un intruso. ¿Por qué tanto odio? La verdad es que no faltan motivos objetivos para explicar la violencia de este sentimiento.

Las relaciones entre hermanos pueden compararse a la oscilación de un péndulo, ya que, como hemos mencionado, basculan constantemente entre posiciones extremas: el «buen tiempo», lleno de complicidad, amor y admiración, y la «tormenta», que desencadena odio, violencia, rivalidad o celos. De forma aún más sorprendente, estas dos modalidades relacionales pueden sucederse en un margen de ape-

nas unos minutos. Todos hemos visto alguna vez cómo nuestros niños se despellejaban justo antes de re-
conciliarse y empezar a jugar juntos como si nada hubiese pasado y fuesen los mejores amigos del mundo.

Analizaremos en primer lugar la cara sombría de
la moneda, la que más nos inquieta y menos podemos soportar, la que en ocasiones nos da la impresión de que nuestros hijos se odian. Y es que la
confraternidad entre dos hermanos, con independencia de su sexo, no es algo que surja de forma ins-
tantánea, ni mucho menos. Incluso podríamos decir
que, desde el principio, todo comienza más bien ti-
rando a mal.

El primogénito desposeído

Un primogénito sólo puede vivir la llegada del segundo niño como un auténtico terremoto. Para él, el nacimiento del nuevo bebé marca un antes y un después: ya nada volverá a ser como era. Pero
pongámonos en contexto: es el primogénito el que,
con su nacimiento, provoca la transición de los progenitores desde el estatus de «enamorados» al de
«padres». De alguna forma, es el fundador de la fa-

milia. Asimismo, en él se han depositado, mientras era el único, el proyecto de los padres y sus expectativas de «hijo perfecto», que ha cargado a sus hombros única y exclusivamente. Estos acontecimientos constituyen importantes hitos de su historia personal, que tan sólo a él atañen. Para el segundo hijo, sin embargo, los padres ya son padres a su llegada y, desde el primer momento, repartirán sus expectativas entre ambos. Por tanto, se pierde esta dimensión fundadora y exclusiva otorgada al primogénito. Podrá apreciarse la posición tan especial que confiere esto al primer hijo y hasta qué punto le resultará difícil aceptar su modificación.

Tratemos de imaginar por un momento el impacto que puede causarle la imagen de su madre volviendo del hospital con el «nuevo» bebé en los brazos. La ve en un estado de atención extrema y fusión con el pequeño, y no tarda en comprender que, para él, la exclusividad ha llegado a su fin. Esta situación conlleva una sensación de pérdida bastante cruel. En parte, el primogénito pierde la mirada en la que se había construido, ya que a partir de ese momento existe otra persona que también atraerá la atención de su madre. Se acabaron los días en que esta tan sólo tenía ojos para él. Del mismo modo, todo su entorno desvía la atención de su persona de forma momentánea para dejarse acaparar por el «otro». Además, a menudo se excluye al primogénito del juego de los parecidos en torno a la cuna: unos atribuyen al recién nacido la nariz del padre, y otros, los ojos de la abuela o las manos de la madre. Y él, ¿a quién de la familia se parece?

Pero las desilusiones del primogénito no acaban aquí. Por el contrario, también pierde parcialmente los brazos que lo han llevado, rodeado y tranquilizado sin constreñirle ni retenerle, gracias a los que ha edificado su seguridad afectiva: ahora, el bebé también tiene derecho a estos privilegios, y de momento incluso tiene prioridad. De golpe, el «mayor» ya no se siente incluido ni integrado en el grupo. Sin duda, el primogénito tiene un poco la impresión de que todo se ha ido al garete.

Por tanto, no hay nada de extraño en que pase por un momento crítico. Como tampoco cabe sorprenderse de que sienta ganas de deshacerse de esa especie de traidor, el bebé, que le ha puesto en esta situación de privación y frustración. Este odio fraterno es lo mínimo que puede hacer ante la amenaza que representa el recién nacido. El primogénito se siente «atacado» precisamente en su propia identidad, de forma que resulta inevitable que, en lo más profundo de sí mismo, se vea enfrentado a la cuestión de su existencia y su futuro. ¿Seguirán mis padres queriéndome?, ¿seguiré existiendo a sus ojos, tan llenos como están del «pequeño»? Se trata aquí de su supervivencia, de la conservación de su persona. Estando en juego cuestiones de esta envergadura, el odio no parece desproporcionado.

La necesidad de reconocimiento

Evidentemente, no puede permitirse que un niño se enfrente solo a sentimientos de tanta violencia. ¿Cómo acompañarlo y aliviarlo? En primer lugar, explicándole que, en su momento, él también disfrutó de ese periodo dichoso de fusión con la madre; que, tras su nacimiento, también fue objeto de todas las atenciones por parte de los padres y el resto de la familia. Al ser consciente de que también vivió lo que ahora está experimentando el bebé, el primogénito verá restaurado su narcisismo y toda la familia ganará en cuanto a tranquilidad. Es muy importante pasar por esta etapa de recuerdo y, muy especialmente, no limitarse a aplastar al «mayor» bajo el peso de las prohibiciones. «No toques al bebé, puedes hacerle daño», «no hagas ruido, que lo despertarás»: pequeñas consignas que se pronuncian sin pensar demasiado pero que, sin embargo, pueden tener efectos devastadores. Por desgracia, harán que la percepción del bebé como un «intruso» y una amenaza para el hermano mayor se agudice aún más.

Del mismo modo, resulta inútil preocuparse por los movimientos regresivos temporales del primogénito: cuanto más claro se le muestren las ventajas de ser mayor, más fácilmente saldrá de esta dinámica por sí mismo. Ser el mayor no sólo supone entrar en el ámbito del deber («debes aceptar esto o lo otro del pequeño»), lo que aumenta el sentimiento de injusticia, sino también ganar nuevas posibilidades. En efecto, los más pequeños permiten a los mayores desarrollarse y adquirir una serie de «derechos», como por ejemplo ver la tele hasta más tarde u obtener un pequeño ascenso de paga.

Otro aspecto que puede explorarse a la hora de calmar las tensiones de la primera etapa es ayudar al mayor a encontrar sus propios apoyos y soportes, ya que a partir de ese momento deberá aprender a prescindir parcialmente de los proporcionados por sus padres. No se trata de decirle: «Ya eres mayor, así que te las tienes que arreglar tú solo», sino, al contrario, acompañarlo en el gratificante camino hacia la autonomía. Una fórmula posible sería: «Hoy te vas a tomar el biberón tú solo. De momento aún no tienes que calentar el agua, pero pronto aprenderás a prepararlo. El bebé no sabe hacer nada de eso, porque es demasiado pequeño».

Por muy traumática que pueda resultar la llegada del hermano pequeño, que el mayor puede percibir incluso como un hundimiento, esto no quiere decir que sea algo insuperable, ni mucho menos, siem-pre que tenga la posibilidad de expresar su malestar y su odio. De este modo, debe tener derecho a formular con total claridad y sin sentimiento de culpabilidad que no quiere al bebé, y que le gustaba más cómo era todo antes de la llegada de este intruso.

En un momento u otro, es muy probable que el primogénito trate de llamar la atención de los padres sobre su persona. Y la manera más fácil será ir acumulando despropósitos, incluyendo ataques físicos contra el recién nacido. Corresponde a los padres evitar que el mayor caiga en esta dinámica: cuanto más transgreda las prohibiciones, más «malo» o «travieso» se sentirá, y aún más si no dejamos de repetírselo. Entonces, pensará sin lugar a dudas que nunca más será querido y mimado tanto como el «nuevo», que es tan guapo y dulce. Y esta actitud, a la larga, tan sólo acarreará más sufrimiento. En vez de eso, es preferible otorgarle suficiente atención como para que no sienta ganas de arrebatarla por la fuerza. Todo el entorno puede contribuir a ello: durante una temporada, los abuelos y tíos podrían redoblar su interés por el mayor si el recién nacido acapara demasiado a la madre.

El eterno segundón

Para el que llega en segundo lugar, la situación no resulta necesariamente más sencilla. Es cierto que, en un primer momento, el bebé no se entera de gran cosa: se beneficia totalmente al ser objeto de todas las atenciones y no percibe en seguida las reticencias del hermano que ya estaba ahí antes. No obstante, muy rápidamente, incluso antes de haber soplado su primera vela, comprende el alcance de la hostilidad del hermano mayor. A pesar de que desea compartir los juegos del «grande», al que admira, así como imitarlo en todos sus aspectos, a menudo es rechazado sin piedad y devuelto a su posición de «pequeño», que nada sabe de la vida ni puede hacer nada. Como consecuencia, puede llegar a percibir a su hermano como un obstáculo inamovible, un impedimento para su crecimiento y una limitación a su desarrollo pleno, así como una barrera que impide el cumplimiento de sus deseos. Desde luego, ser constantemente rebajado y rechazado no resulta nada agradable ni tampoco propicia el progreso en absoluto.

Como es evidente, este rechazo del mayor hará emerger cuestiones cruciales en la cabeza del pequeño, que en ese momento se encuentra en plena construcción de su identidad: ¿quién soy yo en esta familia?, ¿qué lugar debo ocupar, si es que hay un lugar para mí? Para sentirse más seguro y tranquilo, a menudo se verá inclinado a acorralar al hermano mayor, a provocarlo, por ejemplo tratando de birlarle los juguetes frágiles que más le gusten, y que obviamente no tiene derecho a tocar. Se trata, también, de una buena forma para comprobar la reacción de los padres: ¿salen en su defensa procurándole un espacio?

Por otra parte, los segundos muy a menudo suelen ser expertos en la «manipulación» de los padres, aunque esta expresión no resulte del todo acertada, en la medida en que estamos hablando, en la mayoría de los casos, del ámbito de los actos inconscientes. Al sentirse demasiado débiles para soportar por sí solos la presión de los primogénitos, tratan de agenciarse el apoyo de los padres. Todos hemos presenciado alguna vez la escena en que el pequeño le birla el juguete al mayor, para después acudir a lloriquear a las faldas de mamá porque a cambio se ha llevado una torta. Este es un elemento importante que debemos tener en cuenta a la hora de tratar de obtener una visión más clara en el contexto de una pelea, aunque, como es evidente, esto no ocurre así de forma sistemática.

Una vez más, se tratará de que los padres encuentren el justo equilibrio: reservar un territorio al benjamín, que quizá tenga dificultades para delimitarlo por sí solo frente al «reino» del mayor, pero sin convertirse en meros peones en la partida que juega el pequeño para desbancar a toda costa al primogénito. Es importante encontrar este equilibrio y prestarle especial atención. Más adelante veremos cómo la tendencia a «aliarse» siempre con el mismo hijo constituye un síntoma inequívoco de disfunción familiar.

Cruce de miradas

Del mismo modo que el primogénito considera al menor un traidor venido para ocupar su lugar, el pequeño ve en el «grande» a una especie de dictador que hay que derrocar de su trono a toda costa para poder progresar. Mientras el primero se encuentra inmerso en una dinámica de defensa de lo adquirido y de su territorio, el segundo entra más bien en un proceso de delimitación y desposesión. Sin embargo, ambos tienen en común que, en determinados momentos, ven en su hermano o hermana a un auténtico enemigo. Por otra parte, cabe indicar, aunque sólo sea de paso, que esta enemistad se ve particularmente agravada entre hermanos del mismo sexo: en efecto, entre dos niñas o dos niños es posible realizar comparaciones directas, de forma que la rivalidad se hace aún más dura.

Para mayor desgracia de los padres, esta animadversión mutua que se profesan los hermanos tiende a autoalimentarse mediante el siguiente mecanismo: ambos sienten que su hermano o hermana hace brotar en ellos sentimientos inconfesables, violentos, negativos y agresivos. En este sentido, basta con oír a sus padres quejarse de ellos, de sus peleas y de los sentimientos negativos existentes entre ambos para convencerse de que no son en absoluto recomendables. Así, ambos se ven reflejados en la mirada del hermano como en un espejo implacable, que les devuelve una imagen poco gratificante, e incluso negativa. Por ello, parece bastante difícil fraternizar con un hermano o hermana que pone al descubierto aspectos de la personalidad que se hubiese preferido dejar ocultos en el interior de uno mismo. Esto equivaldría a aceptar la parte menos noble de nosotros. Por el contrario, se prefiere rechazar de pleno este lado sombrío y, de paso, también al hermano que lo ha sacado a la luz. Así pues, negamos al primogénito o al benjamín porque constituye una amenaza para nosotros.

Es muy importante entender que, al contrario de lo que suele pensarse, un niño no se construye tan sólo en función de la percepción que de él tienen los padres, sino que la mirada recíproca de los hermanos entre sí resulta totalmente esencial. Aunque el juicio de un hermano resulte frío, inmisericorde e inexorable, también ofrece la ventaja de ganar en objetividad: estigmatiza tanto lo malo como lo bueno,

De ahí la célebre ambivalencia del vínculo fraterno: en los ojos de un hermano o hermana uno se ve «malo», pero también muy parecido a él, puesto que se comparte la misma historia familiar. Nada mejor que esto para crear una fantástica complicidad, cuestión a la que volveremos en el siguiente capítulo. Ahora bien, cuando se mezclan odio y amor, es bien conocido hasta qué punto la relación puede resultar inextricable. Debemos, por tanto, enfrentarnos a la enorme complejidad del vínculo que une a nuestros hijos.

¿Qué rol deben adoptar los padres frente a esta complejidad? Una posibilidad sería tratar de ayudar a cada uno de los hijos a integrar los aspectos negativos de su personalidad para poder convivir con ellos. Sintiéndose aceptados en su conjunto, serán menos propensos a desquitarse con su hermano o hermana, el principal testigo de sus aspectos negativos. La mejor forma de que no cargue las tintas en su papel de «malvado» es precisamente permitirle que lo interprete y, muy especialmente, no obligarle a ser un niño modélico, siempre amable, educado y comedido. Por el contrario, tiene derecho a poner mala cara, a quejarse y a mostrarse agresivo e incluso furioso.

El renacimiento de la rivalidad durante la adolescencia

Durante la adolescencia, a menudo ocurre que los conflictos entre hermanos se hacen más acusados, lo que, en cualquier caso, no es de extrañar en un periodo de la vida en que todo se vive de forma paroxística. Puesto que la tarea psíquica del adolescente consiste en comenzar a construirse al margen de la familia, a encontrar un camino propio, el hermano o hermana menor puede sentirse «dejado» o abandonado, situación que puede alimentar el rencor. Asimismo, el espectáculo de un hermano enfrentado a todas las posibilidades que se le ofrecen y a las consiguientes dudas también puede intranquilizarlo, ya que también él deberá pasar por esta fase transcurrido un tiempo, y una manera de protegerse de esta intranquilidad consiste en mostrar agresividad hacia aquel que la ha provocado.

Por su parte, el hermano mayor no estará necesariamente dispuesto a que los más pequeños se inmiscuyan demasiado en lo que le ocurre, ya que la adolescencia es una experiencia excepcionalmente íntima. En función de su historia y de su posición en la relación entre los hermanos, cada uno de los hijos vivirá este momento a su manera y se apropiará de una parte del bagaje familiar, que usará de manera personal. En el seno de la familia, la adolescencia es necesariamente una aventura solitaria. Cuando existe una diferencia de edad importante, es probable que al adolescente le cueste aceptar la imagen de sus hermanos más pequeños, que se encuentran contentos y cómodos en su papel mientras él debe sufrir las angustias de la metamorfosis y del descubrimiento de un cuerpo nuevo, que a menudo se considera poco agraciado. Por otra parte, el que los hermanos tengan edades similares no ahorrará conflictos. Por ejemplo, resultará muy doloroso para uno de ellos comprobar que el otro ya tiene novio o novia, mientras él tiene dificultades en el ámbito de su incipiente sexualidad.

Además, no puede contarse con la adolescencia para suavizar los famosos cruces de miradas que se propinan hermanos y hermanas en un juego de espejos que a menudo resulta cruel. Desde luego, no será un hermano el último en espetar a un adolescente tras un cambio de *look* que su peinado o ropa son ridículos. Estas valoraciones fraternas, crudas y desagradables, serán particularmente difíciles de «encajar» durante este periodo de enorme fragilidad. No obstante, también conllevarán y promoverán la evolución a corto plazo, una vez el adolescente haya ganado un poco de seguridad fuera de la familia para integrarlas... sin que ello suponga su desintegración.

¿Cómo contribuir a que la relación fraterna supere la adolescencia de uno o varios de sus componentes sin que ello genere excesiva discordia? Obviamente, no enfrentándolos, es decir, no asignando al adolescente la etiqueta de «terrible, mezquino y rebelde» por oposición a los pequeños, que tan bien se comportan al no encontrarse aún en una fase de rebelión. También se puede promover que los pequeños tengan paciencia, sensibilizándolos a largo plazo: evidentemente, su hermano o hermana mayor tiende a rechazarlos en este momento concreto, pero en cuanto cesen las peores arremetidas de la tormenta adolescente se complacerá de reencontrarlos. Es sólo una cuestión de paciencia.

¿Están las familias numerosas vacunadas contra los celos?

Algunas configuraciones familiares, como las familias numerosas, pueden ejercer una influencia en las rivalidades fraternas. Ahora bien, el hecho de que haya muchos hermanos ¿aumenta o reduce el número de conflictos? Si bien en relación con los dos primeros hijos las cosas se desarrollan más o menos como hemos descrito hasta ahora, parece evidente que, a partir del nacimiento del tercero, este esquema se modifica de forma radical.

Es una cuestión matemática: cuantos más hijos se tiene, más se «diluye» la percepción de los padres y sus expectativas, con la consiguiente pérdida de intensidad. En este caso, a menudo se produce un relevo del hermano mayor, que en ocasiones se ve inclinado a sustituir a los padres. En consecuencia, algunas cuestiones que deberían haberse resuelto entre los padres, por un lado, y el conjunto de los hermanos, por otro, se desplazan a la relación establecida entre el hermano mayor y el resto de los hermanos. En vez de generar rivalidad, el hermano mayor se convierte en una figura cuya atención desea llamarse, de la que se desea obtener apoyo y reconocimiento, sobre todo en los primeros años. Más que como un enemigo a derrotar, se erige como una persona que se desea seducir y conquistar. Con toda probabilidad, esto supondrá un número menor de conflictos.

Otro aspecto específico de las familias numerosas, en las que por fuerza resulta más difícil que surja el individualismo, es que las rivalidades ocurren menos entre dos hijos para pasar a producirse entre clanes, por ejemplo los pequeños contra los mayores, aunque también pueden surgir otras configuraciones de mayor complejidad. Este «efecto grupo», de carácter muy protector, a menudo tiene como consecuencia una amortiguación de los enfrentamientos, que son, por tanto, más llevaderos. En el lado opuesto, la integración en un clan puede impedir que la personalidad de sus componentes se desarrolle plenamente. De forma general, existe menos probabilidad de que se den conflictos en las familias numerosas, puesto que el ritmo de vida es más rápido y complejo y los padres deben ocuparse de mil cosas antes que de arbitrar disputas.

Una vez más, nos podemos plantear qué actitud adoptar en este caso concreto. Sin duda, lo importante es velar por que cada hijo siga ocupando su posición de hijo. Obviamente, no está prohibido apoyarse en el hermano o hermanos mayores y pedirles ayuda para resolver cuestiones cotidianas. No obstante, hay que procurar que no se instalen en un rol de padres que no les corresponde. Además, tratando de procurar que los diferentes hermanos dispongan de tiempo para dedicarse exclusivamente a sí mismos (aunque sean cinco minutos), evitaremos que los fenómenos de clan cristalicen demasiado, borrando las especificidades de cada uno.

¿Diferentes posiciones, diferentes retos?

Analicemos el caso del segundo hermano en un grupo de tres, ya que ocupa una posición muy particular y nada obvia. En este sentido, a menudo se caracteriza la dificultad de esta posición hablando de las alianzas «móviles»: efectivamente, el hijo mediano forma parte alternativamente del grupo de los mayores y de los pequeños, y encuentra dificultades a la hora de posicionarse en un espacio poco reconocible, fluctuando en función de las necesidades impuestas por la situación. Aunque esto confiere a este hijo una mayor flexibilidad y capacidad de adaptación, además de enseñarle a navegar con astucia en diferentes aguas, también puede resultarle difícil dilucidar quién es y qué desea realmente en su interior.

Por otra parte, los hijos del «medio» deben enfrentarse a vivencias contradictorias. Así, son intrusos para sus hermanos mayores, aunque ellos mismos perciben al tercero como un intruso; traicionan al primogénito pero son traicionados por el benjamín. El doble papel de «falso hermano» y traicionado constituye una carga excesiva e implica una gran confusión emocional, ya que esta experiencia de dos caras se va superponiendo e imponiendo de forma alternativa.

¿Y qué ocurre con el benjamín?, ¿ocupa un lugar privilegiado o maldito? Sin lugar a dudas, tampoco resulta fácil ser el más pequeño de los hermanos, sobre todo cuando llega la hora de «volar». Efectivamente, la dificultad de este hijo para abandonar el nido familiar es bien conocida. Lo que le retiene no es sólo el miedo a enfrentarse a su autonomía, sino el hecho de dejar a sus padres solos. Siente una gran lealtad hacia ellos, porque a menudo experimenta hasta qué punto la pareja formada por sus padres lo necesita o cree necesitarlo para funcionar.

Familias reconstituidas: ¿odio obligatorio?

Probablemente, los vínculos parcialmente fraternos característicos de las familias reconstituidas son un poco más complejos que las relaciones «clásicas» entre hermanos, por la sencilla razón de que ponen en juego cuestiones que sobrepasan este tipo de relaciones. Cuando un padre divorciado tiene un hijo con su nueva esposa, los hijos del primer matrimonio deben asimilar la llegada del hermanastro o hermanastra al tiempo que se despiden de la primera pareja parental: el hecho de que su padre tenga un hijo con su nueva pareja significa que ya no volverá con la madre, una esperanza a la que probablemente aún no habían renunciado. Se trata de una combinación de factores bastante compleja: este niño vivirá todo el día con su padre, mientras que ellos sólo pueden verlo un fin de semana o una semana de cada dos; y, además, simboliza con total claridad la muerte definitiva del amor entre sus padres. Esto no impide que probablemente quieran al recién nacido, pero desde luego deberán hacerse cargo de la nueva situación.

Por otra parte, el nacimiento del hermanastro puede reavivar los conflictos en el seno fraterno original. En ocasiones, uno de los hijos acepta con mayor facilidad el segundo matrimonio del padre y la fundación de una nueva familia, mientras que el otro decide permanecer fiel a la madre, que ahora está sola, y por ello rechaza de pleno a dicho hermanastro. En esta situación, es posible que el segundo sienta un resentimiento feroz contra el primero, al que considera un traidor. En este caso, de nuevo, las tensiones pueden alcanzar cotas elevadas.

La mejor forma de no exacerbar este contexto fraterno, que ya de por sí suelta chispas, es tratar de no mezclar a los niños en los conflictos adultos que puedan tener lugar. Por tanto, debemos evitar hablar mal delante de ellos del padre, la madre, el ex, la suegra o el suegro. Cuanto más alejados se los mantenga de las inevitables complicaciones relacionadas con la reconstitución familiar, menos se resentirán sus relaciones fraternas.

Lo esencial

Para el primogénito, la llegada de otro hijo equivale a la pérdida de la exclusividad en el afecto de los padres. Se siente atacado en los mismos cimientos de su seguridad interior y su identidad.

El segundo, por su parte, percibe al primogénito como un obstáculo inamovible que ya lo ha hecho todo antes que él y que le impide desarrollarse con tranquilidad.

En las familias numerosas, las rivalidades se expresan de forma más encubierta, lo que quizá vaya en detrimento de la individualidad de los diferentes hijos.

En las familias reconstituidas, se ponen en juego elementos fraternos más complejos como consecuencia de las cicatrices provocadas por el divorcio de los padres.

Capítulo 3

El amor en el vínculo fraterno

**Muy a menudo, tan sólo prestamos atención
a las peleas, y no a los momentos de complicidad
que comparten nuestros hijos. Y sin embargo,
estos periodos de tregua se producen necesariamente
y constituyen una gran riqueza.**

A fuerza de centrar la atención en sus peleas, en ocasiones dejamos de ver que nuestros hijos pasan momentos fantásticos juntos, sin pegarse ni insultarse. Como es evidente, el entendimiento hace menos ruido que el conflicto, por lo que pasa más desapercibido. Y sin embargo, esta complicidad entre hermanos existe en todas las familias, a menos que los padres impidan su desarrollo mediante determinados actos llenos de torpeza, tal como veremos más adelante.

¡Dejad de pelearos!

Por otra parte, se trata de un factor indispensable: un vínculo fraterno cristalizado en torno a la oposición, sin ningún periodo de descanso, sería nocivo. Al margen de que estos momentos de complicidad compartida constituyen el escenario de acontecimientos muy importantes, enriquecedores y constructivos para los diferentes hermanos (tema al que volveremos en seguida), también pueden servir de apoyo a los padres a la hora de abordar las peleas día a día. Así, cuando uno de los hijos está que bufa porque su hermano o hermana le ha pegado, engañado o jugado una mala pasada y clama a los cuatro vientos que lo odia y no quiere volver a verlo en la vida, siempre puede utilizarse un argumento de choque: «Vale, ahora mismo odias a tu hermano, pero acuérdate de cómo jugabais y os reíais juntos ayer. ¿No me dirás que no pasaste un buen rato, eh? ¡Y seguro que vais a pasar muchos más así!». Es muy probable que una frase de este tipo contribuya a amansar su ira.

Un nivel generacional común

Esta relación privilegiada en el seno fraterno no tarda en surgir poco después del nacimiento. Así, no es nada raro que un recién nacido regale su primera carcajada al hermano mayor en vez de a los padres. Y cuando una criatura empieza a hablar, a menudo es el primogénito el que mejor entiende sus onomatopeyas y hace las veces de traductor ante el padre y la madre. Por consiguiente, desde el primer momento, entre los hermanos existe algo que escapa a los padres, un vínculo muy fuerte que los une, una comunicación gestual particular cuyo alfabeto sólo conocen ellos. Este lenguaje común que se instala de forma espontánea resulta imborrable: en cualquier momento de la vida, siempre podrá volver a establecerse entre los hermanos, sin importar el tiempo que haya transcurrido, aunque se haya optado por caminos vitales muy diferentes. De esta forma, será posible que, treinta años después, unos hermanos ya adultos retomen con el mismo entusiasmo, recordando los viejos tiempos, las sesiones de risa tonta compartidas en la infancia al burlarse de la panadera porque gritaba al hablar.

Los padres no pueden pretender participar en las confidencias de sus hijos y, si lo intentan, estos no tardarán en hacerles comprender que su presencia no es deseada. En efecto, estas relaciones fraternas basadas en la complicidad se construyen de forma marcadamente horizontal, a menudo contra los padres. Incluso puede hablarse de un auténtico «subsistema fraterno» en el seno de la familia, con su propio lenguaje, sus códigos y sus secretos de acceso restringido a los adultos. Para los hijos, se trata de una forma de inscribirse con total claridad en su nivel generacional, muy diferente al de los progenitores.

No debemos percibir esta iniciativa de demarcación de los hermanos con respecto a los padres como una agresión. Por el contrario, se trata de una reacción completamente sana y constructiva: la familia tan sólo puede funcionar si se delimitan con total claridad las diferencias generacionales. ¿Cómo pueden los padres mostrar autoridad frente a sus hijos si estos no se encuentran en un nivel «por debajo»? Por otra parte, los niños se sienten reafirmados al anclarse en su grupo generacional: así, ya no se encuentran solos en la historia familiar ni frente a los adultos. Cuando deben resolver un conflicto interior, se sentirán más fuertes rodeados de sus hermanos. La complicidad genera solidaridad e incuso generosidad. En este sentido, a menudo somos testigos de cómo un hijo defiende la postura de su hermano mayor o menor frente a los padres encubriendo una de sus travesuras. Y, en la próxima ocasión, el otro le devolverá el favor. Se trata de un buen método para aprender a ayudar al prójimo y corresponder a los demás.

Un laboratorio relacional

Este grupo conformado por los hermanos ofrece además la inestimable ventaja de que permite probar una serie de comportamientos. Así, el primogénito puede verificar hasta dónde llega la fascinación que ejerce sobre el benjamín, hasta dónde puede dominarlo e incluso manipularlo. El niño que utiliza a su hermano pequeño para que haga travesuras en su lugar, a riesgo de que este sea castigado, se encuentra inmerso en esta dinámica. Comprobar que se puede «teledirigir» a otro ser, que durante un tiempo no se rebela, suscita una gran satisfacción, además de proporcionar un sentimiento de fortaleza y poder. Para conseguir esto y convencer al menor de que le obedezca, el aprendiz de manipulador podrá servirse de toda la gama de sentimientos, desde la seducción hasta la brutalidad, e incluso fingir fragilidad para ablandarlo. ¿Qué actitud es la más eficaz en función de las circunstancias y del tipo de objetivo que desea alcanzarse? Sin lugar a dudas, sacará todas las conclusiones posibles, enriqueciendo así sus conocimientos en términos de relaciones humanas.

En general, puede afirmarse que la relación fraterna instruye sobre estrategia de relaciones a sus componentes, que no tardan en descodificar las cadenas de interacción existentes en el seno de la familia: si irrito a mi hermano, mi madre reacciona riñéndonos; si le acuso de haberme pegado, lo castigan. Se trata de esquemas de gran eficacia que, una vez contrastados, se utilizarán hasta la saciedad, a menudo sin que los padres puedan siquiera descodificarlos. Sin duda, para que este laboratorio relacional resulte eficaz, los diferentes miembros del grupo de hermanos deben poder dirigir de forma alternativa sus propios experimentos, a fin de extraer enseñanzas. Si los esquemas experimentados siempre son los mismos y, muy especialmente, benefician siempre al mismo niño, ya no podemos hablar de complicidad, y menos aún de solidaridad: no deben funcionar en un único sentido. A modo de ejemplo, sería peligroso que siempre sea el hermano mayor el que «utilice» a los más pequeños, o estos los que se las arreglen para hacer que el hermano mayor acabe sistemáticamente castigado. Mientras haya flexibilidad y puedan intercambiarse los diferentes papeles, estos experimentos son positivos.

Muy a menudo, los hermanos se las arreglan perfectamente entre ellos para equilibrar el «reparto» y no dejarse encasillar en papeles desagradables, así como para interpretar alternativamente el papel principal. Tarde o temprano, llega un momento en que el eterno dominado se rebela, dice basta y comienza a ensayar el papel de dominante. No obstante, en caso contrario, si no se produce esta autorregulación, los padres no deben dudar en intervenir para establecer límites a la omnipotencia que uno se haya otorgado a costa de los demás. No es posible que una hermana deba «servir» a su hermano para ganarse el derecho a jugar con su tren eléctrico, aunque por supuesto sí puede hacerle favores de vez en cuando; como tampoco es posible que un mismo niño siempre sea «inocente» y el otro «culpable» en el desenlace de una pelea. Por consiguiente, se recomienda observar a una cierta distancia este juego de roles que tiene lugar entre hermanos, a fin de verificar que cada uno de los niños desempeña todos los papeles en diferentes momentos, aunque sin intervenir de forma sistemática.

¿A qué jugamos?

Durante estos oasis de complicidad, los juegos ocupan, evidentemente, un lugar central. En este punto cabe entender el juego en el sentido introducido por el célebre psicoanalista Winnicott: un espacio entre hermanos al que cada uno acude con su propio «bagaje», su realidad personal, y en el que crearán juntos algo nuevo. Este espacio construido de forma conjunta no pertenecerá a ninguno de ellos, sino más bien a todos los hermanos en tanto que grupo. De esta forma, puede observarse cómo el juego entre ellos no posee una dimensión exclusivamente lúdica y recreativa, sino que es sobre todo un espacio de creación.

¿Y qué pueden crear los hermanos mientras juegan a la escuela o a la guerra? Inventan una forma de vivir las cuestiones fraternas de otro modo, así como de desplazarlas y desdramatizarlas. Esto resulta muy evidente si nos ceñimos a la simbología de algunos «grandes clásicos». Los juegos de guerra («ahora seremos enemigos») o basados en relaciones de poder («yo seré la maestra y tú mi alumno»), así como los de imitación («papá se ocupará de la niña grande y mamá del bebé»), les permiten poner en escena determinadas experiencias pasadas en ocasiones dolorosas, revivirlas con una mayor distancia y, de paso, restablecerse. A través del juego y gracias a él, intentan comprender mejor el odio que a veces sienten los unos por los otros, así como las acciones de los padres contrarias a ellos, que no siempre les parecen justas. Dicho de forma breve, criban de forma muy simbólica muchos de los retos y cuestiones planteados por la relación fraterna, sirviéndose de pequeñas escenas teatrales o psicodramas que conforman en sí el juego.

De forma simultánea, a través de estos guiones lúdicos supuestamente ficticios, se envían mensajes al hermano o la hermana, que ahora puede ver cómo se vivió un acontecimiento determinado y lo complicado que resultó para la otra parte. A su vez, este hermano hará lo mismo, de forma que juntos escribirán una página de la historia familiar a varias bandas. De todas las versiones extraerán una sola, lo que constituye un cemento perfecto para erigir una complicidad a largo plazo. ¿Hay alguna forma mejor de curarse que lamiéndose las heridas recíprocamente?

En este capítulo dedicado a los juegos, no podemos olvidar el imaginario que los caracteriza: las historias y los personajes fantásticos que los hermanos son capaces de inventarse y que tan sólo a ellos pertenecen. Se trata de otra forma de reforzar el grupo y excluir a los padres, demostrándoles cómo en ocasiones son capaces de escapar de ellos. Por tanto, debemos dejarlos jugar tranquilos, aunque muy a menudo estos paréntesis milagrosos, en los que podemos oír una mosca volar en su habitación, terminen acabando en una auténtica batalla campal. Tanto amigos como enemigos: esta es la ley implacable de la fraternidad.

Fraternidad de altura

Si hemos de ser sinceros, no cabe duda de que *amigos* no es la palabra más adecuada para describir a unos hermanos, ya que el vínculo fraterno incluye una noción de permanencia que no está necesariamente presente en la amistad. Una mudanza o un cambio de colegio pueden ser más que suficientes para reducir una amistad a la nada. Sin embargo, estos acontecimientos no provocan ningún efecto en la relación entre hermanos: aunque viva a diez mil kilómetros de distancia, un hermano siempre será

un hermano, nacido del mismo vientre o, como mínimo, procedente de la misma historia familiar, incluido en una misma pertenencia.

Este sentimiento de permanencia queda asimismo establecido por el hecho de que los hermanos
son necesariamente testigos de los grandes acontecimientos de la infancia. Cuando se produce un divorcio, por ejemplo, los hermanos constituyen la
prueba viviente de que, un día, la pareja parental
existió. Tan sólo es posible encontrar esta reafirma-
ción de los orígenes en un hermano o hermana, con
independencia de que lo queramos y nos llevemos
bien con él, o no. A pesar de las diferencias y las
rivalidades, cada hermano o hermana tiene una
parte que se parece a nosotros, hecha a nuestra
imagen y semejanza. En ocasiones se habla de «mis-
midad» para describir lo que une a los miembros de
un grupo de hermanos.

Esta permanencia del vínculo fraterno ante y
contra todas las incertidumbres de la vida, esta longevidad, hace que este tipo de relación se convier-
ta a menudo en un recurso a lo largo de toda la vida, y muy particularmente en las temporadas
difíciles, entre las que se incluye la adolescencia. En
el anterior capítulo, hemos indicado cómo las rivali-

¡Dejad de pelearos!

dades entre hermanos podían radicalizarse en esta etapa bisagra de la vida, y tampoco es extraño que las desavenencias anudadas en esta época no puedan desatarse jamás. Sin embargo, en sentido inverso, la adolescencia puede constituir una oportunidad para dirigirse a un hermano o hermana en busca de ayuda y apoyo y obtenerlo sin condiciones. Así, es posible que un hermano sea la persona sobre la que nos apoyemos para alcanzar la autonomía: puede constituir un referente tranquilizador para conquistar la independencia, situado a medio camino entre los padres y los amigos.

Esta complicidad a menudo gana en intensidad cuando ambos hermanos poseen una edad similar. De este modo, aquel que tenga un poco de ventaja respecto al otro en el complejo proceso de la adolescencia podrá hacer las veces de guía o sagaz explorador para el más joven. Cuando una adolescente deba acudir por primera vez al ginecólogo, será seguramente a su hermana mayor, y no a su madre, a la que pregunte cómo se desarrollará la visita, provocando interminables conversaciones y risas tontas bajo el edredón. Además, siendo dos se sentirán mucho más fuertes a la hora de negociar las horas de vuelta a casa al salir por la noche. Por tanto, durante la adolescencia pueden presenciarse sorprendentes acercamientos entre hermanos, que de pronto se convierten en cómplices cuando en la infancia se llevaban como el perro y el gato.

La edad adulta

En una fase posterior de la vida también pueden producirse reconciliaciones inesperadas entre hermanos enemigos, como por ejemplo con la muerte de uno de los padres. Aunque, a veces, la herencia constituye un peligro para la relación entre hermanos, una ocasión de ajustar cuentas y resolver antiguos contenciosos, también es posible comprobar cómo el fallecimiento de los padres puede atenuar determinadas tensiones. Todas las cuestiones de rivalidad que girasen en torno al padre o la madre difuntos pierden su razón de ser, de forma que es posible retomar la relación con serenidad de una vez por todas. En estos reencuentros, puede que cada uno de los hermanos explique cómo vivió determinados acontecimientos familiares del pasado, brindando al otro la oportunidad de verlos alumbrados por una nueva luz, así como de aportar su respectiva versión sobre aquello que siempre le parecieron preferencias e injusticias. De esta forma, los hermanos tendrán la oportunidad de reescribir conjuntamente una historia apaciguada, un poco como hacían al jugar, de pequeños.

Afortunadamente, el redescubrimiento de un hermano en la edad adulta también es posible sin necesidad de que fallezca uno de los padres. Sin embargo, esto sólo puede ocurrir si se dan determinadas condiciones, y muy especialmente si se goza de una cierta distancia con respecto a los padres y el nido familiar. Cuanto más realizada y satisfactoria sea la vida profesional, sentimental, familiar y externa, menos necesidad se tendrá de contar con el reconocimiento parental. De repente, las rivalidades fraternas serán mucho menos feroces. Aunque el día de Reyes sigamos analizando con discreción los regalos recibidos por los hermanos para compararlos con los nuestros, esto ocurrirá ya sin dolor ni rencores, e incluso quizá con un guiño al que, como cada año, desde siempre, ha recibido más regalos. Y es que nunca es demasiado tarde para convertirse en cómplice de un hermano o hermana.

Lo esencial

En la mayor parte de las familias puede observarse un «subsistema» fraterno, es decir, el grupo formado por los hermanos, que cuenta con un lenguaje y unos códigos propios. Se trata de un medio utilizado por los niños para marcar la diferencia generacional con los padres.

El grupo de los hermanos constituye un laboratorio relacional en el que todos prueban diferentes comportamientos con los demás. Los padres deben procurar que todos los hijos saquen provecho de ello.

El juego es un factor fundamental para la complicidad fraterna, y constituye una forma de escenificar los conflictos de forma simbólica para superarlos mejor.

La longevidad del vínculo fraterno permite redescubrirlo en cualquier época de la vida.

Capítulo 4

Los padres: cuando habla el inconsciente

Aunque la rivalidad está presente desde un principio en la relación entre hermanos, a menudo se ve promovida por la actitud inconsciente de los padres. Admitir este hecho nos ayudará a desactivar una parte de las peleas.

Hay algo de lo que estamos totalmente convencidos: no hacer ninguna diferencia entre los hijos. Así, proclamamos con auténtica buena fe que «los queremos a todos por igual». No obstante, si nos tomamos el tiempo necesario para reflexionar sobre este tipo de afirmación, no tardaremos en ser conscientes de sus limitaciones. ¿Cómo es posible querer «por igual» a unos hijos que son tan diferentes entre sí? Es absurdo.

¡Dejad de pelearos!

De hecho, lo que queremos decir realmente es que no preferimos a uno por encima de los otros. Y una vez más: ¿es esto totalmente cierto?, ¿acaso no sentimos una mayor afinidad con el primogénito que con el pequeño, con la hija que con el hijo? ¿No tendemos a dar la razón más a menudo a uno que a otro cuando estalla una pelea? Si respondemos a estas preguntas en sentido afirmativo, que no cunda el pánico: esto no significa en absoluto que seamos unos padres indignos. Debemos hacernos a la idea de que la imparcialidad parental absoluta sencillamente no existe. Eso sí, en cualquier caso se trata de una voz de alarma que debemos oír.

En vez de atormentarse con un sentimiento de culpa, resulta más interesante tratar de comprender qué nos lleva, de forma consciente o no, a cometer desigualdades de tratamiento entre hermanos. Atrevernos a plantear esto con total franqueza constituye el mejor medio de evitar que estas diferencias perfectamente naturales se transformen en auténticas preferencias.

De este modo, quizá también podamos sortear otro escollo. Por ejemplo, no es extraño que algunos padres, al darse cuenta de que sienten preferencia por uno de los hijos, adopten una actitud defensiva siendo más exigentes con este. Así, nos encontramos

Los padres: cuando habla el inconsciente

con la madre que afirma: «Yo siempre había soñado con tener una hija. Cuando por fin la tuve, después de tres niños, tenía miedo de tratarla como a una princesa, así que no le dejaba pasar ni una». De este modo, aunque en realidad la madre adoraba a la niña, esta era la que más sufría el autoritarismo materno.

Como es evidente, hacerse preguntas no conlleva necesariamente encontrar respuestas, ni siquiera aceptar analizarlas sin ambages, sobre todo en un ámbito donde reina el inconsciente. Aun así, reflexionar con la mayor objetividad posible sobre las relaciones que mantenemos con cada uno de nuestros hijos es siempre positivo, y permitirá incluso desactivar algunos conflictos en potencia. Es posible que esté dispuesto o dispuesta a empezar con este proceso cuanto antes, pero que no sepa dónde buscar ni por dónde empezar. Por ello, a continuación presentamos algunas pistas que pueden servir de guía en el marco de esta reflexión.

Qué dicen mis hijos de mi historia

Los hijos no llegan a un territorio virgen, sino que constituyen un eslabón más de una larga historia fa-

65

miliar de la que los padres también forman parte. Puesto que viaja en el mismo barco que los padres, resulta inevitable que la criatura no sólo remita a estos a su pasado, sino también a aquello en lo que se han convertido en la actualidad. Además, cada uno de los hijos les interpelará de forma muy específica en la medida en que irrumpen en momentos muy diferentes de su trayectoria personal.

Veamos un ejemplo muy sencillo: un primogénito llega al mundo en una época en que su madre se encuentra en pleno éxito profesional, feliz y totalmente realizada. Cuando el segundo bebé entra en escena, ella decide dejar de trabajar para dedicarse a la familia, pero no tarda en arrepentirse de su decisión, que tiene dificultades en aceptar. Es posible que asocie de forma inconsciente a su segundo hijo con este periodo de depresión, e incluso le tenga resentimiento por ello. Como resultado, la relación entre ambos se verá alterada.

Otro caso típico que puede darse es que alguno de los hijos tenga un rasgo de carácter en común con uno de los padres, por ejemplo, que sea muy tímido. Pues bien, este parecido podrá acercarlos («¡el pobre está pasando por lo mismo que yo!»), o, por el contrario, desembocar en un sentimiento de rechazo. Ante la incapacidad del padre o la madre de aceptar por sí mismo algo que considera un defecto, no soporta volver a enfrentarse a esta timidez enfermiza en la figura de su hijo o hija. Como consecuencia, se sentirá más cercano a otro de los niños, que muestre más seguridad en sí mismo y en su imagen, porque encarna aquello que siempre ha soñado ser.

Del mismo modo, es muy frecuente observar afinidades construidas en torno a la identidad sexual. Así, el padre se reconocerá más fácilmente en su hijo, que lo reafirma en su virilidad, sintiéndose más desconcertado por la feminidad de la niña pequeña. No obstante, también puede darse la situación contraria, es decir, que la feminidad de la niña pueda conmoverlo y le permita expresar su parte femenina, y por el contrario vea con malos ojos el lado brutal del chico.

Como es evidente, los hijos también nos remiten a nuestra propia infancia, así como a las relaciones con nuestros hermanos y padres. A menudo ocurre que nos sentimos más atraídos por aquel de nuestros niños que ocupa el mismo puesto que nosotros en la relación entre hermanos. De este modo, una madre, segunda en una familia de dos hijos, que haya sufrido el «culto» profesado por su madre al hermano mayor, quizá sea más sensible a los estados de ánimo de su se-

gundo hijo. Al haberse sentido siempre incomprendida
en su sufrimiento por ser la menos querida de los dos
cuando era pequeña, tratará sobre todo de proteger
al segundo, instalándolo en una situación privilegiada.
Sin embargo, también será posible que reproduzca la
actitud de su madre y muestre una preferencia manifiesta por el niño mayor, con la esperanza inconsciente
de que, imitándola, conseguirá que su madre acabe
mostrando reconocimiento hacia ella. Dicho de forma
breve, tanto en un caso como en otro, el peso del pasado llevará a un desequilibrio evidente.

Por tanto, debemos prestar especial atención a este
tipo de vivencias fraternas de nuestra primera infancia,
ya que tienden a transmitirse con mucha fuerza de generación en generación. Y en caso de no romper este
círculo de reproducción, correremos el riesgo de dejarlo
en herencia a nuestros propios hijos cuando se convier-
tan en padres, originando dinastías completas de «preferidos» y, por tanto, también de «pequeños déspotas».

Qué dicen mis hijos de mi pareja

Por otra parte, cada niño llega asimismo en un momento diferente de la historia de la pareja, y no es

extraño que su nacimiento los sitúe, desde el principio, en una función implícita en relación con los padres: de este modo, el primero sería, por ejemplo, el «fruto» del amor, el símbolo de la unión feliz del padre y la madre, mientras que el tercero podría ser el salvador de una debacle cada vez más evidente.

En efecto, la relación construida con los hijos muy a menudo se ve condicionada por la mantenida entre los cónyuges. A modo de ejemplo, durante una época de euforia amorosa, la madre adulará a uno de los niños porque se parece de forma extraordinaria al padre, al que tanto quiere, mientras quizá perciba a la hija pequeña como una posible rival. Por el contrario, si la pareja comienza a deteriorarse, esta configuración se verá totalmente alterada y será el hijo pequeño el que se vea rechazado. Así, habrá pasado de hijo mimado a constituir una presencia incómoda, y ello sin que nada en su comportamiento hubiese cambiado. ¿Cómo podrá comprender lo ocurrido? Una incoherencia de estas dimensiones genera una violencia enorme, una violencia subterránea e irracional que el niño sufre sin poder responder a ella de forma directa, aunque sí puede verse empujado a decir la suya mediante acciones, ya sea contra otra persona (un hermano, una hermana, un amigo, un profesor, el padre…) o contra sí mismo. En este caso, se lo tomará por un niño agresivo, a pesar de haber sido él el primero en ser agredido en lo más profundo de su persona.

En particular, este tipo de proyecciones inconscientes sobre los hijos se producen con especial intensidad en caso de conflicto en el seno de la pareja o de rencores encubiertos. Por ejemplo, una madre que esté dominada por su marido y se lleve mal con él podrá permitir que su hijo maltrate de forma sistemática a su hermana, imponiéndoles a ambos la reproducción de lo que ella está viviendo en su pareja. Además, estará transmitiendo, en segundo plano, un mensaje evidente: «¡Pues claro! ¡Definitivamente siempre es lo mismo, las mujeres están sometidas y los hombres son unos cabrones!». Ante la incapacidad de cambiar una creencia que quizás esté siendo transmitida desde hace generaciones, acaba por imponerla también a su hija, muy a pesar suyo, ya que esta situación le hace sufrir. No obstante, también podrá adoptar esta afirmación en sentido totalmente opuesto y utilizar a la niña para vengarse, a través de ella, del género masculino en su conjunto. De esta forma, la apoyará sin objetividad alguna en las peleas que la enfrenten a su hermano, condenando a este al rol del malo sin posibilidad de recurso.

En caso de divorcio, las preferencias relacionadas con los hijos pueden exagerarse aún más. De pronto, puede ocurrir que el hombre o la mujer no puedan soportar a uno de los niños porque se parece demasiado a su ex. El otro padre, a su vez, podrá «rescatar» a este estorbo y hacerlo su rehén, obligándolo a ponerse de su lado. De esta forma, cada uno de los padres en guerra con su ex tendrá un hijo «propio», que será al tiempo su aliado y su peón. Aunque estas metáforas bélicas puedan parecer excesivas, tan sólo reflejan una pequeña parte de la violencia a la que a veces se ven sometidos los niños en circunstancias de este tipo. No cuesta mucho convencerse de que, en un contexto de estas características, seguramente preferirían no ser los preferidos de nadie.

¡Cuidado con las obviedades!

De forma bastante simplista, a menudo se tiende a pensar que el preferido se beneficia de la mejor posición, mientras que los menos apreciados deben hacer grandes sacrificios. En realidad, esto no es, ni mucho menos, tan obvio. Es cierto que el «mimado», como se lo denomina a veces de forma peyorativa, recibe mucho del padre que le profesa adoración. Como resultado, el niño tiene una buena imagen de sí mismo, siente que se merece este tratamiento tan exclusivo. Esta confianza en sí mismo podrá ayudarlo a alcanzar grandes logros, sobre todo si tenemos en cuenta que, con toda seguridad, sus padres ya tendrán ambiciosos planes para él, que actuarán como un potente motor.

Sin embargo, no podemos pasar por alto la otra cara de esta situación: la existencia de expectativas demasiado fuertes de los padres también podrá resultar agobiante y paralizante. Al estar demasiado acostumbrado a que se lo hagan todo, el más mimado podrá carecer de autonomía e iniciativa. Por tanto, el perfil del preferido no tiene por qué corresponderse necesariamente con el del triunfador al que todo le sale bien.

Por otra parte, no cabe duda de que el resto de hijos, los «menos queridos», sufren por no haber sido los «elegidos». ¿Qué tiene el mimado que no tengan ellos? ¿Qué han hecho mal? Para ellos, lo más difícil es precisamente no comprender los motivos de la elección de sus padres. Pero, claro, esto resulta imposible dado que todo ocurre en el plano inconsciente. A menudo se sienten indignos de recibir amor, y se encuentran en una situación de debilidad permanente, unas cargas que pueden resultar difíciles de acarrear en su vida posterior. Cabe resaltar que esta situación resulta particularmente difícil en los casos en los que los hermanos son dos, porque aquel que no ha tenido la suerte de ser «elegido» no tiene con quién aliarse, hermanos con los que compartir su sufrimiento y resentimiento: se encuentra solo frente a una injusticia que clama al cielo.

No obstante, tampoco podemos pasar por alto la dimensión en ocasiones positiva de la posición del hijo no preferido. Así, un niño que haya sentido que la atención de los padres estaba más dirigida a su hermano o hermana no parará hasta obtener este reconocimiento en otra parte, lo que puede constituir una fantástica palanca para realizarse fuera de la familia. Es posible que le cueste menos independizarse y dejar a los padres que al mimado, porque se encontrará en una relación de dependencia menos acusada.

En cualquier caso, resulta muy difícil hacer previsiones e imaginar cómo será el futuro de un niño en función del modo más o menos justo en que sus padres le profesasen cariño. En realidad, todo dependerá de la capacidad de cada persona de deshacerse de la posición en que sus padres lo colocasen durante la infancia. Un hijo que acepte seguir siendo para siempre el preferido, es decir, el hijo perfecto para los padres pero el malo para los hermanos, correrá el riesgo de soportar toda su vida una identidad que no es verdaderamente la suya. Y lo mismo puede decirse del hijo menos apreciado que no se atreva a destruir la imagen de «oveja negra» a ojos de sus padres, y de «débil» ante el resto de los hermanos.

Aunque las preferencias no tengan por qué malograr necesariamente la vida de los niños ni constituir una situación dramática, sí es cierto que los marcan con un sello que en ocasiones resultará difícil de borrar, además de introducir una dificultad adicional con la que deben contar tanto el preferido como el que no lo es.

Relaciones tormentosas

Las complicaciones no surgen únicamente a nivel individual, sino también, en gran medida, en la relación de todos los hermanos. En efecto, la actitud desigual de los padres enturbiará las relaciones y provocará la adopción de «estrategias» por parte de los diferentes hermanos, poco propensas a favorecer la concordia.

Analicemos en primer lugar la figura del favorecido. Este tratará de mantener por todos los medios la fuerza que le proporciona su posición de privilegio, algo que resulta comprensible en vista de las ventajas de que se beneficia. Podrá llegar incluso a mentir con el objetivo de que los padres culpen al resto de hermanos de todos los males, reforzando así su hegemonía. Esta situación puede contribuir a desarrollar rasgos de carácter poco agradables, como por ejemplo la manipulación o la duplicidad.

Al mismo tiempo, es plenamente consciente de haber recibido más que los otros y, como consecuencia, alimenta un sentimiento de culpabilidad que podrá acompañarlo durante gran parte de su vida. Así, es posible que, transcurridos muchos años, se siga encontrando en una dinámica consistente en tratar de restablecer a toda costa a sus hermanos la porción de afecto parental que les «robó», sin que ello, por otra parte, fuese culpa suya. En este sentido, no es extraño que, en edad adulta, sea el preferido el que se desviva por organizar reuniones familiares para mantener los vínculos a toda costa.

En la rutina diaria, el mimado también debe soportar la rabia de sus hermanos, que a menudo forman piña contra él, se sienten celosos y actúan movidos por un intenso sentimiento de injusticia. Muy a menudo, no conseguirá comprender el sufrimiento que se oculta tras su comportamiento agresivo, o bien no querrá reconocerlo. Incluso podrá sentir la tentación, sobre todo durante la adolescencia, de radicalizar las relaciones: «Ya que me odiáis, os devuelvo este sentimiento y os lo demuestro». Esta reacción le aislará aún más, produciéndole un malestar mayor.

En cuanto a los niños no preferidos, a menudo salvan esta situación desarrollando una actitud de desconfianza con respecto al mimado: ¿hasta dónde se puede confiar en él?, ¿no irá a contárselo todo a los padres, con los que está aliado?, ¿de qué lado está, al fin y al cabo, este «pelota»? De esta forma, las relaciones horizontales que normalmente se tejen en el ámbito fraternal, construidas en torno a una cierta confabulación entre los hermanos y una oposición a los padres, no pueden implementarse con naturalidad; por el contrario, siempre se verán parasitadas, en mayor o menor grado, por el ambiguo intervencionismo de los progenitores.

Esto es una pena porque, como ya hemos visto, es la alternancia de momentos de odio con momentos de amor y complicidad la que hace que el lazo fraterno resulte soportable. Sin odio, lo fraterno puede tornarse en extravío, al ir aparejado con fusión y cerrazón. En el lado opuesto, sin amor, se convierte en algo cruel y devastador. Si las preferencias de los padres no dejan espacio para que surja la complicidad, se correrá el indeseable riesgo de que los hermanos se limiten a un único aspecto de sus relaciones, y no precisamente el más fácil de vivir.

Rechazar las acusaciones

Después de todo lo dicho, podrá apreciarse lo importante que resulta tomarse el tiempo de pasar por la criba nuestros comportamientos hacia los hijos, pero sobre todo, tener el valor de hacerlo. Ahora bien, ¿podemos fiarnos para ello de las recriminaciones de nuestros angelitos? Muchas veces nos echan en cara cosas como: «Bueno, de todas formas prefieres a Margot»; o bien: «Claro, es que Luis puede tener todo lo que quiera». Se trata de un medio muy eficaz para tocarnos la fibra sensible y jugar con ello.

Evidentemente, cuando nuestros niños nos espetan frases de este tipo, es importante que las comprendamos, ya que seguramente ocultan algo más, pero sin tomar demasiadas medidas al respecto. Resulta inútil otorgarles un poder exagerado demostrándoles que nos hacen dudar. Además, no sabrían qué postura adoptar. Deberemos evitar, por ejemplo, mostrarnos afligidos y tratar de justificarnos: «De eso nada, cariño, eso no es verdad, estás equivocado». Es mucho más positivo explicar con claridad la posición adoptada: «Intento ser lo más justa que puedo con vosotros. Aunque tú no estés de acuerdo, la verdad es que esa es mi intención». No obstante, siempre podemos volver sobre el asunto algo más tarde, pero entre adultos, consultando al cónyuge, por ejemplo, o a amigos íntimos, y preguntarles si han notado en algún momento una preferencia sistemática por alguno de los niños. En términos generales, si se permite que el subconsciente tome las riendas hasta el punto de ser verdaderamente injusto, resulta bastante perceptible desde fuera. Como es obvio, esto presupone la capacidad de escuchar una respuesta no necesariamente agradable y de admitir que deben tomarse medidas al respecto, algo que desde luego no podemos dar por sentado a pesar de tener la mejor intención del mundo.

Y sin embargo, esto es lo que permite a los padres seguir creciendo y evolucionando. En efecto, tomando conciencia de aquello que, de forma inconsciente, tratamos de arreglar en nosotros mismos y en nuestra historia a través de los niños, obtendremos los medios necesarios para superar algunos de nuestros puntos muertos, así como de llevar a la práctica los cambios personales que nos permitan liberarnos en cierta medida de la carga de una historia familiar o conyugal que nos sigue pesando y que influye en la relación con nuestros hijos.

La aventura parental resulta apasionante cuando contribuye a que los padres crezcan, es decir, adopten nuevas posturas, más libres y adecuadas, en relación con las diferentes configuraciones familiares.

Lo esencial

Aunque estemos totalmente seguros de querer a nuestros hijos por igual, la realidad es que el inconsciente nos lleva a comportarnos de manera diferente con ellos.

Es totalmente normal sentirse más cercano a un hijo que a otro, porque cada uno de ellos nos remite a un momento específico de nuestra trayectoria personal, a un aspecto de nuestra infancia o al contenido de la relación con nuestro cónyuge.

¡Dejad de pelearos!

Intentando tomar conciencia de este hecho podremos contribuir a evitar que nuestra preferencia y apoyo se dirijan de forma sistemática al mismo niño.

Las preferencias de los padres, cuando son demasiado exageradas, acarrean numerosas consecuencias, tanto para el hijo preferido como para los demás. Además, impiden que las relaciones entre los hermanos sean armoniosas.

Capítulo 5

Elogio de la pelea

Por muy agotadoras que resulten, las peleas entre hermanos son indispensables, ya que gracias a estos conflictos cada uno de los niños encuentra su lugar y se construye a sí mismo.

Sería perfecto no tener que oír los berridos de nuestros cachorros mientras se tiran de los pelos, se lían a patadas, se lanzan sus juguetes preferidos o se propinan insultos.

No siempre resulta fácil soportar sin desmoronarse el volumen sonoro generado por sus peleas. Desde luego, es mucho más agradable verlos jugar juntos tranquilamente, o a cada uno inmerso en sus actividades en diferentes rincones de la casa. Y sin embargo, sus riñas hacen un gran servicio: no sólo son poco menos que inevitables, sino que además resultan muy útiles.

¡Dejad de pelearos!

Una llamada al cambio

La mayoría de las veces, las peleas desempeñan «una función», tienen un sentido. Obviamente, los niños no son conscientes de ello; de lo contrario, lo expresarían por otros medios. Las peleas nos hablan, sobre todo, de una situación de dolor, ya sea en el seno de la familia o fuera de la misma (con los amigos y amigas o en el colegio). En ocasiones, constituyen el único medio por el que el niño puede conseguir que se preste atención a su sufrimiento o malestar. Los adultos deben descodificar estos mensajes para evitar que los niños se cierren en banda y encontrar otras formas de expresión de lo que no funciona. De hecho, las peleas no atañen únicamente a sus participantes, es decir, los hermanos que se tiran de los pelos ante los ojos de los progenitores, sino que son consecuencia de otros juegos relacionales e implican cuestiones que, en ocasiones, pueden superar a los niños a pesar de afectarles.

En vez de inclinarnos a percibirlos como un combate entre el bueno y el malo, deberemos tratar de discernir qué lleva a los niños a adoptar estos roles en las relaciones que están viviendo, así como ayudarles a abandonarlos. Aunque sí es posible que un niño tenga tendencia a la agresividad, esta se verá fomentada por el contexto, sobre el que, por tanto, también deberemos reflexionar.

Además, analizando las situaciones de esta forma, tendremos más oportunidades de hacer que evolucionen: es más fácil modificar una relación, es decir, el modo en que interactúan dos personas, que cambiar a una u otra de dichas personas, ya que dispondremos de los recursos de todo un grupo, en vez de los de un único individuo.

Dicho de forma breve, las peleas casi siempre constituyen una llamada al cambio relacionada con los niños, aunque a veces también con otra persona de la familia cuya fragilidad o sufrimiento sienten, y que desean salvar o proteger como un objetivo imposible que se han impuesto de forma inconsciente.

La solicitud de cambios relacionados con ellos mismos a menudo gira en torno a un deseo de reconocimiento parental, que resuena en la cabeza del niño como diciendo: mira lo que soy capaz de hacer, préstame un poco de atención, estoy aquí, ayúdame a mostrar también mi lado bueno.

Lo más cruel de las riñas es que introducen a todo el mundo en una espiral negativa: el niño que desea ser admirado acaba siendo odiado, aunque tan sólo sea durante unos segundos; y el padre, que desea querer a sus hijos, se sorprende al no poder soportarlos.

Una batalla para posicionarse

Así pues, lo que ocurre durante los ajustes de cuentas entre hermanos no es, ni mucho menos, insustancial. A través del guión de la pelea, del intercambio de golpes y palabras hirientes, se está disputando una auténtica batalla en la que cada cual defiende su posición o trata de asumir otra. Analicemos el ejemplo de un niño que no saca buenas notas en el colegio, cuya hermana mayor, sin embargo, siempre es «la primera de la clase». Al arremeter contra ella y dominarla mediante el uso de la fuerza física, no sólo se está comportando como un bruto; también trata de demostrar que no acepta que se le reduzca a la posición de mal estudiante que se le ha atribuido en casa, y que sus padres se equivocan cuando tan sólo lo ven de esa forma. ¡Puede hacer otras cosas, como por ejemplo someter a su hermana, por muy inteligente que sea!

Otro ejemplo lo constituirían las familias reconstituidas, en las que un gran número de conflictos gira en

Elogio de la pelea

torno a la posición que cada uno de los hermanos (los de la primera y los de la segunda unión) ocupa en el seno de esta compleja configuración. Cuando un niño pega a su hermanastro o hermanastra, el objetivo resulta bastante transparente; es como si dijese: yo estaba aquí antes que él, así que debe someterse, la pareja de verdad era la de mis padres.

Para un niño, la posición física que se le otorga constituye un indicador de la importancia que tiene para sus padres, de la posición que ocupa en su corazón. Si cuando vuelve a casa de su padre el fin de semana, tan sólo dispone de un espacio reducido y temporal, se preguntará si realmente cuenta para este. El sufrimiento será aún mayor si el hijo o hija de la novia de papá tiene un espacio adecuado y permanente, lo que, por tanto, le provocará envidia. Es posible que se pregunte, lleno de angustia, si su padre se acuerda de él cuando no está allí durante el resto de la semana. El niño sentirá la necesidad de reafirmarse en su continuidad existencial, y el espacio que se le otorga en una casa constituye un signo al que no debemos restar importancia. Como consecuencia de su intranquilidad, no podrá evitar pelearse: como mínimo, aunque sea de forma negativa, sabe que su padre continuará pensando en él y en todo lo que ha tramado para trastornar el orden que tanto interés tiene en preservar.

También puede darse la posibilidad de que el niño defienda otra posición diferente a la suya. Así, puede desear poner en jaque la armonía que el padre desea instaurar en la nueva familia, quizá por lealtad hacia el otro progenitor. De esta forma, ser partícipe de una familia «feliz» se percibiría como una traición hacia el padre que permanece solo, que aún no ha rehecho su vida, y las peleas constituirían un recuerdo del sufrimiento de este, una forma de hacerle justicia y de dejar claro que no olvida su desamparo importándolo a la nueva configuración que desea establecerse. Así pues, para el niño las peleas mantenidas constituirían un medio de hacer que se comprendiese la posición del progenitor olvidado.

Con independencia de la modalidad familiar, reconstituida o «clásica», encontrar el lugar adecuado entre los hermanos siempre constituye una tarea compleja y de gran sutilidad. Un niño se ve sometido a muchas presiones para poder posicionarse, tanto por parte de sus padres y abuelos como de sus hermanos. Por ello, a menudo ocurre que un niño renuncie a ocupar una determinada posición a pesar de convenirle totalmente, sencillamente porque ya está ocupada por otra persona. Veamos el ejemplo de dos hermanas: una puede negarse a ponerse guapa e ir arreglada, a pesar de tener ganas de ello, porque su hermana mayor monopoliza el rol de «coqueta» en la familia. Sin embargo, al no poder soportar la frustración, multiplicará las ocasiones de pelearse con su rival para cambiar de estatus.

¡Escuchadnos!

Aunque es cierto que las riñas constituyen una herramienta algo superficial, tienen por objetivo fundamental atraer la atención de los padres y transmitirles un mensaje. No poseen un carácter íntimo, sino que, muy al contrario, han sido concebidas para que los progenitores las vean directamente o se les cuente. Nos sabemos de memoria esas interminables crónicas de peleas, en las que cada uno de los protagonistas quiere hacer oír su perspectiva y su versión. «Mamá, me ha tirado del pelo», «Sí, pero ha empezado ella»: se trata de diálogos de sordos de carácter marcadamente familiar. Por último, las riñas entre hermanos son sorprendentemente similares a las crisis de pareja: se trata de un medio de poner toda la carne en el asador, de que cada una de las partes pueda renegociar su papel desde cero.

Si este es el caso, ¿por qué son tan frecuentes los conflictos? ¡Los diferentes hermanos podrían hacerse con una situación que les convenga de una vez por todas tras una bonita batalla campal! Pero no, esto sería demasiado sencillo: nada resulta tan inestable como la vida de los niños, ya sea en el plano del contexto externo (guardería, niñera, colegio, amigos, etc.) o de la vida afectiva interior: todo se encuentra en permanente evolución. Ahora bien, puesto que una relación fraternal funciona igual que un mecano, si se mueve una pieza, todo el conjunto se verá afectado. De ahí la necesidad de implementar reajustes periódicos entre hermanos y hermanas.

De esta forma, podemos apreciar cómo una riña es, ante todo, un acontecimiento dinámico, salvo, como es obvio, cuando se transforma en un callejón sin salida porque uno de los hermanos domina de forma sistemática mientras el otro siempre sale perdiendo. En el siguiente capítulo nos interesaremos por la forma de evitar esta dificultad a través de la intervención puntual y reflexiva de los padres.

Niveles entremezclados

Aunque a menudo sea el caso, las peleas no siempre están relacionadas con la posición de cada uno de los niños en el grupo de hermanos, sino que pueden constituir un modo de poner de manifiesto una disfunción existente en el interior de la familia o de la pareja formada por los padres. En este caso, se asiste a un desplazamiento: un niño, al conseguir por la fuerza la posesión de un juguete de su hermano pequeño, por poner un ejemplo, desea mostrar a sus padres que ellos lo están haciendo mal con el pequeño, y que deberían inspirarse en su método, seguramente algo expeditivo, pero desde luego totalmente eficaz. Y en cuanto a la niña pequeña que agrede a su hermano mayor, esta desea mostrar a su madre que las mujeres no tienen por qué dejarse dominar siempre por los hombres y que debe reaccionar. De este modo, a través de sus peleas, nuestros pequeños demonios desean dar una lección a sus progenitores.

También ocurre, en ocasiones, que las peleas constituyan sencillamente un método utilizado por los niños (aliados por una vez) para tratar de conseguir un objetivo en el seno de la pareja. A veces riñen para «mantener la pareja conyugal»: así, el padre y la madre se ven

acaparados hasta tal punto por su insoportable comportamiento que hacen un frente común para comba-
tirlo y, durante un tiempo, olvidan sus propios contenciosos. Pero también puede darse el caso contrario, es
decir, que estén echando leña al fuego y avivando los
conflictos parentales, con la esperanza de alcanzar así
una mejor posición. No hay nada más fácil que hacer
que los padres desenfunden el hacha de guerra. Los
niños, mucho más astutos de lo que se pueda creer, perciben a la perfección los puntos débiles y las fragilida-
des de la pareja; por poner un ejemplo, pueden ser plenamente conscientes de que padre y madre poseen
representaciones diferentes, e incluso expectativas
opuestas, en relación con lo que deben ser las relaciones fraternas. Así, para enfadar a papá, hijo único inca-
paz de oír una palabra más alta que otra, se pondrán
de acuerdo para exagerar la mínima tontería. Saben
perfectamente que esto conllevará de forma inmediata la ira del padre contra la madre, que adopta
una postura mucho más tranquila. En efecto, ella pro-
viene de una familia de cuatro hijos y cuenta con
deleite las batallas campales y los combates de
almohadas de la infancia. Los hijos conocen los límites
de tolerancia de cada uno de los padres, y no dudarán
en hacer uso de este conocimiento.

De hecho, no siempre resulta fácil descodificar lo que se esconde exactamente detrás de una pelea por la enorme cantidad de elementos diferentes que pueden converger. Y, para hacerlo aún más complicado, en ocasiones también se ve involucrada una dimensión transgeneracional. Efectivamente, puede ocurrir que las riñas entre hermanos remitan a un conflicto muy antiguo, como por ejemplo la división de unos bienes familiares mal negociada entre unos hermanos tres generaciones antes. Sin ser conscientes de ello, ya que los resentimientos y las decepciones se transmiten de forma inconsciente de padres a hijos, después de tantos años, los hermanos de la última generación tratarán de reparar esta injusticia y subsanar los daños ocasionados. Como en una obra de teatro, en las peleas uno interpretará el papel de víctima, y los demás hermanos harán de «malos».

Efectivamente, en ocasiones se produce una transmisión transgeneracional implícita de «delegaciones». En la medida en que no se haya superado el dolor de la injusticia original, es posible que las diferentes generaciones se transmitan inconscientemente el mensaje de que, «definitivamente, los hermanos no puede hacer otra cosa más que odiarse». Por tanto, tan sólo cabrá tomar la decisión de liberarse de esta carga familiar, renunciando a esta delegación y concibiendo otro tipo de relaciones fraternas para los hijos. De esta forma, se matarán dos pájaros de un tiro: por una parte, se liberará de una historia familiar que, a todas luces, no era de su incumbencia, y, por otra, se darán las condiciones para que los niños puedan innovar.

Peleas constructivas

Otro inestimable mérito que tienen las peleas es hacer posible que se midan las fuerzas presentes y, por qué no, que se manifiesten de forma mutua. A modo de ejemplo, el agresor podrá verse en dificultades a pesar de que estaba convencido de que «se volvería a llevar el gato al agua» sin mayores obstáculos. Se trata de una fantástica oportunidad para verse enfrentado a sus propias limitaciones y ser consciente de que no es todopoderoso.

En cuanto al agredido, a pesar de considerarse débil y carente de recursos, quizá compruebe que ha conseguido resistir con gran valentía y que, por tanto, es perfectamente capaz de defenderse. No hace falta ser muy perspicaz para darse cuenta de que, sin lugar a dudas, no tardará en hacer uso de este conocimiento en el patio del colegio. Todos salen ganando en términos de conocimiento personal y confianza en uno mismo. Con la condición, una vez más, de que vencedor y vencido no sean los mismos de forma sistemática en cada «episodio» de conflicto. Esta dimensión de descubrimiento personal inherente a la pelea resulta muy interesante. Muy a menudo, tendemos a pensar que tan sólo es posible progresar a través del amor y los buenos sentimientos. Pero esto es una falacia: también se puede avanzar a pasos de gigante en la construcción de la identidad personal partiendo del odio hacia el otro, sacando partido a este sentimiento, *a priori* negativo, y haciendo uso de esta posición nada benevolente.

Otro interés nada desdeñable que ofrece el acto de la riña es comprobar la «solidez» de los padres. Así, nuestros retoños se dicen: si papá y mamá sobreviven a nuestras innumerables riñas y encima nos siguen queriendo, es que son verdaderamente sólidos (sin formulárselo de una forma tan consciente, claro está). No hay nada más tranquilizador para crecer con total serenidad que poder respaldarse en unos padres que no se balancean con la mínima ráfaga de viento.

Si, además, saben encontrar las palabras adecuadas en una riña algo persistente, intervenir en el momento oportuno, proteger a uno sin ponerse de su lado o hacer que el otro desista sin humillarlo, estarán dando una lección inmejorable sobre la vida a su prole. Dicho de forma breve: por poco que uno se tome la molestia y muestre respeto hacia todas las partes presentes, siempre existe una salida inteligente y negociada a cualquier conflicto.

De paso, hemos desvelado uno de los grandes misterios del extraño funcionamiento de la relación entre hermanos: si nuestros hijos se pelean mucho menos en casas de extraños que en la nuestra, es precisamente porque nos necesitan para poner en escena sus disputas: nosotros, los padres, somos al tiempo actores de pleno derecho, el público principal y los destinatarios.

El derecho a pelearse

Por todos los motivos expuestos, no debemos preocuparnos cuando nuestros hijos riñan: así, están progresando y haciendo que la familia, en su conjunto, evolucione. Negarles el derecho a pelearse supondría un castigo a muchos niveles. Impidiéndoles el acceso a un acto tan físico como la pelea (raro es que, en una riña, no se intercambien algunos golpes o, como mínimo, algunos roces, incluso cuando se trata de niñas), estaríamos condenándolos a no poder expresar sus reivindicaciones a través del cuerpo. Y sin embargo, para los niños resulta esencial poder experimentar en su cuerpo los importantes conflictos que sienten. De lo contrario, se corre el riesgo de acostumbrarse a reprimir sus propias emociones, lo que no es positivo en absoluto.

Por otra parte, y muy especialmente, sin peleas no dispondrían prácticamente de otros medios para acceder a la posición a la que aspiran o, como mínimo, para poner de manifiesto su deseo de alcanzarla. Si no se le permite alguna que otra trifulca, el niño no tendrá ninguna oportunidad de mostrarse de forma diferente a la imagen que se le ha endosado ni de salir de la «casilla» que la familia le ha asignado.

Sin embargo, en algunas familias se reprimen las riñas y se inhiben por completo la capacidad de expresión y los sentimientos, aunque no sea necesariamente de forma explícita y formal. A menudo, son los mismos niños quienes no se permiten pelearse con sus hermanos: sienten que ello ocasionaría un daño excesivo a los padres, a los que consideran demasiado frágiles para soportar este tipo de conflictos con el riesgo de que la familia se desmorone. Como consecuencia, implementan una autocensura, una desviación peligrosa que puede llevar a los niños, por desgracia, a volver contra sí mismos el odio fraterno que no tienen derecho a expresar.

Cuando los conflictos no pueden expresarse, lo normal es que el niño oscile entre dos actitudes: tratar de acallar por completo las pulsiones agresivas que no puede evitar mostrar contra sus hermanos, limitándose a ser siempre amable con ellos (una decisión que terminará por agotar toda su energía); o bien el caso opuesto, es decir, transgredir de forma abierta la prohibición familiar (por no decir el tabú) dedicándose básicamente a promover el máximo número posible de riñas que pueda. En este caso, de nuevo, la mente se verá ocupada en gran medida por esta tarea y, por tanto, no estará disponible para otros descubrimientos.

Pero tampoco debemos pasar por alto aquellas familias (bastante escasas, para qué nos vamos a engañar) en que los hermanos se llevan a las mil maravillas y nunca se pelean entre sí. Siempre que esta ausencia de conflictos no se deba a una represión de la libertad de expresión y los sentimientos, las palabras circulen con libertad y las emociones se expresen sin censura alguna, cabrá aplaudir a los padres: han conseguido que se comprendan las diferencias de cada uno de los hijos y se reconozcan sus puntos fuertes y débiles.

De esta forma, el niño con fama de vago, distraído y que no saca buenas notas en el colegio no siente la necesidad de tomarla con su hermana para hacerse notar, pues ya se siente lo suficientemente valorado por su fuerza física y sus aptitudes deportivas, por poner un ejemplo. O bien los hermanastros no sienten la necesidad de despellejarse entre sí porque la actitud de los padres garantiza con creces su plena pertenencia a la familia reconstituida.

Por tanto, aunque las riñas terminen por cansar y hagan mucho ruido, debemos darles cancha, siempre y cuando gocemos de la facultad de intervenir para que se respeten determinados equilibrios de gran importancia, cuestión que trataremos en el siguiente capítulo.

Lo esencial

Las peleas constituyen pequeñas crisis durante las cuales cada uno de los hermanos lucha por alcanzar una posición en el grupo, y delimitar un rol que le conviene.

A través de los conflictos fraternos, los hijos envían mensajes a sus progenitores para que se reconozcan sus diferencias, o bien para advertir de la existencia de una disfunción en el seno de la pareja o entre los hermanos.

Asimismo, las riñas permiten alcanzar un mejor conocimiento de uno mismo y sus posibilidades. De este modo, constituyen un medio excelente para comprobar la solidez de los padres a la hora de soportar estas pequeñas tormentas.

Impedir que los hermanos se peleen supone obligarlos a inhibir sus emociones negativas, con todos los riesgos que conlleva la represión.

Capítulo 6

La valentía de intervenir

Con demasiada frecuencia, evitamos mezclarnos en las peleas de nuestros hijos. Y sin embargo, necesitan que intervengamos para evitar encerrarse y estancarse en sus disputas, así como para sacar provecho de las mismas.

Intervenir es innovar

Admitir la importancia de las peleas no significa aceptar someterse a ellas por los siglos de los siglos. No debemos olvidar que el lazo fraterno tan sólo es constructivo si se mueve entre los dos polos conformados por la rivalidad y el amor. De forma análoga, el rol activo de los padres para alcanzar un mejor entendimiento también debe desarrollarse en estos dos niveles: pueden promover de forma inconsciente los celos, pero también suscitar en gran medida actitudes tendentes a crear una convivencia cordial. Una vez los niños sean conscientes de todo lo que pueden ganar en el plano de las relaciones si muestran su lado positivo en vez del negativo, no dudarán en tranquilizarse, aunque sea un poco. Sin embargo, los padres también deben estar dispuestos a descubrir la ternura del que se daba aires de tirano, o la malicia del que consideraban un angelito. Aceptando esta imagen matizada de sus hijos harán posible que sus comportamientos evolucionen. Y esto requiere de intervenciones inequívocas y tangibles por parte de los adultos.

Lo que otorga a los padres una posición activa e innovadora, tanto en la vida de sus hijos como en su propia existencia, es la intervención dirigida a permitir que los hermanos inventen otras formas de relacionarse. De esta forma, se movilizan recursos inexplorados en los niños, los adultos y, de forma general, en toda la estructura familiar.

Además, es muy posible que estos recursos acaben por desplegarse mucho más rápido de lo que se pensaba, ya que los cambios se van tejiendo de forma progresiva a través de actos y comportamientos aparentemente insustanciales, pero que poseen un sentido relacional de gran calado. Sin que este proceso sea necesariamente espectacular, sí será posible percibir de forma sorprendente (y sorprendida) que, poco a poco, los gritos van disminuyendo en el hogar, al tiempo que los momentos alegres y pacíficos van en aumento. Y un cambio, por muy tenue que sea, lleva siempre a otro cambio, por lo que no hay que perder la esperanza.

Para aceptar el desafío, resulta fundamental dejarse sorprender y no temer las recaídas que, en ocasiones, no serán más que una fase o un pequeño retroceso para a continuación coger un nuevo impulso. En cualquier caso, lo aprendido nunca se pierde, pudiendo los padres, por otra parte, recordarlo: «¡Pero bueno, si la semana pasada estabais a las mil maravillas! Ahora no diréis que no podéis poneros de acuerdo...». Las relaciones fraternas deben valorarse de forma global a través del tiempo.

Tampoco debemos dudar a la hora de hablar en términos positivos de los buenos momentos, ya que no siempre resulta útil limitarse a mencionar los malos. Los niños necesitan saber que los padres son conscientes hasta del más mínimo avance.

Cuándo intervenir

El credo del no intervencionismo en la vida sigue persistiendo. Muchos padres aplican a pies juntillas la idea, muy extendida, de que ellos no tienen nada que ver con las peleas de sus hijos. «Déjalos que se las arreglen ellos, son tonterías de niños», afirman, repitiendo, por otra parte, con total fidelidad, las consignas difundidas en muchas revistas. ¿Y si esta creencia fuese una equivocación?, ¿y si, por el contrario, fuese necesario optar por una cierta intromisión en los asuntos fraternos?

Desde luego, no se trata de intervenir de forma sistemática y en el mismo momento en que tiene lugar la pelea.

Ya hemos visto cómo, durante este pequeño psicodrama, los hermanos manifiestan cosas fundamentales relacionadas con sus respectivas posiciones: debemos darles el tiempo necesario para expresar todo lo que tengan que decir, escucharse entre sí y tomar las medidas de sus posiciones.

Para ello necesitan estar solos, sin la molesta presencia de adultos. De lo contrario, se imposibilita una de las funciones fundamentales del conflicto, consistente en regular las rivalidades.

No obstante, existen circunstancias muy precisas en las que no podemos ahorrarnos la intervención, a saber: cuando hay violencia física hasta el punto de que uno de los niños corre el riesgo de sufrir heridas o hacerse mucho daño; cuando la agresión verbal supera el nivel de las palabrotas «de costumbre» utilizadas normalmente entre los hermanos y se produce una verdadera humillación, desprecio o atentado contra la identidad; y, muy especialmente, cuando nos damos cuenta de que el guión de la pelea se repite cada día: uno de los hermanos, siempre el mismo, sale sistemáticamente perdiendo.

Los riesgos de no intervenir

Antes de abordar la manera menos torpe posible de intervenir en un conflicto que enfrenta a nuestros hijos, nos interesaremos por aquello que subyace al rechazo que sentimos a mezclarse en ellos. Porque no nos engañemos, es evidente que el no intervencionismo puro y duro sencillamente no existe: no hacer nada también es un modo de actuar. Si no movemos un dedo para restablecer el equilibrio y evitar que uno de nuestros hijos sea sistemáticamente dominado, estaremos ratificando su posición de víctima, y de paso la de dominante del vencedor. Recordemos lo dicho antes (véase capítulo 4): probablemente nuestro inconsciente nos induce a adoptar una actitud pasiva que, como por casualidad, favorece siempre al mismo niño y perjudica de forma sistemática al otro u otros.

Y cuidado: hay que tener presente que las consecuencias de no intervenir no son, en absoluto, insignificantes. Por el contrario, pueden dejar secuelas durante años, e incluso en la edad adulta. Frente a unos padres que observan desde la distancia sus peleas, los hermanos corren el riesgo de instalarse en unos roles que no les convienen y de verse obligados a asumirlos durante mucho tiempo.

El agresor interpretará el silencio de los padres como una aprobación tácita y se sentirá autorizado a actuar de esta forma. La dominación de sus hermanos le llevará, sin duda, a dominar a sus amigos y conocidos y, posteriormente, a sus compañeros de trabajo, por no hablar de las relaciones amorosas. Buscará siempre, en primera instancia, ganarse al otro, tener influencia sobre él y mantenerse en la posición del más fuerte, una posición de omnipotencia que requiere mucha energía cuando se desea ocuparla a toda costa. Además, se trata de una tendencia que aísla y fragiliza enormemente: un líder no puede permitir que le reconforten, no muestra sus emociones, sino que las reprime. Esta tendencia es peligrosa, ya que si algún día se abre una pequeña brecha en este caparazón, no puede descartarse la amenaza de hemorragia y hundimiento.

El agredido, por su parte, privado del apoyo de los progenitores y movido por un intenso sentimiento de abandono, creerá estar condenado a ocupar para siempre el rol de sumiso. Aceptará una imagen muy difuminada de sí mismo y se instalará en ella en muchos momentos de su vida. Al no atreverse a sentir resentimiento directo contra sus padres por no ayudarle, acabará odiando al hermano o la hermana que le imponga su ley, o bien dirigirá su rencor contra sí mismo. Y esta tendencia autopunitiva a menudo se traduce en una inhibición escolar: ante la incapacidad de percibir una imagen positiva de sí mismo, el niño sometido se prohíbe tener éxito.

Imagen congelada

Por desgracia, ninguno de los dos se atreverá a desmarcarse de estos roles estereotipados, ya que los padres los están avalando a través de su silencio (el famoso refrán «quien calla otorga» resulta aquí especialmente pertinente). Así, si durante una pelea el sumiso se rebelase o el dominante se dejase ganar la partida, ambos tendrían la impresión de estar defraudando las expectativas parentales. Como consecuencia de esta situación, los hijos no explotarán todas las facetas de su personalidad, toda la riqueza de su identidad. Por el contrario, quedarán «bloqueados» en un único aspecto, aquel que la madre y el padre promueven absteniéndose de intervenir en sus conflictos.

De forma bastante manifiesta, esta política de no intervencionismo está especialmente presente en las familias reconstituidas. Cuando un conflicto enfrenta a hermanastros, el padrastro o la madrastra tenderán a pensárselo mucho antes de involucrarse, ya que el hijo de su cónyuge, por poner un ejemplo, no dudará en espetarle: «¡Claro, es que tú siempre le das la razón a tu hijo (o hija)!». El progenitor en cuestión perderá su «valentía» al dejar de sentirse cómodo: sus hijos podrán reprocharle, de forma arbitraria, que prefiere a los de la primera unión o bien a los salidos de la relación actual, unas acusaciones muy desestabilizadoras capaces de desalentar cualquier voluntad de intervención. En un contexto tan explo-

sivo, en que los padres se ven en gran medida supe-
rados por las cuestiones que se ponen en juego y las
lealtades, resulta comprensible que se sientan incli-
nados a optar por una política de mínimos, dejando
a los niños que arreglen sus problemas entre ellos.

Y, sin embargo, lo que los niños necesitan es precisamente que no se les permita enfrentarse solos a
los instintos, a menudo de gran violencia, que se de-
sencadenan durante una pelea fraterna. Remitién-
donos de nuevo a los ancestrales mitos menciona-
dos al principio de la obra (véase capítulo 1),
extraeremos una nueva lección: si Dios Padre no hubiese intervenido tras el conflicto fraticida que en-
frentó a los dos hijos de Adán y Eva, si no hubiese
castigado a Caín por el asesinato de su hermano
Abel, el joven asesino no habría podido «resurgir» y
continuar su vida, particularmente dando luz a una
descendencia de artistas. De este modo, el castigo
divino permitió a Caín valorar la gravedad de su crimen y tomar conciencia de los límites inaceptables
que había superado. El reconocimiento y castigo del
crimen permite que no vuelva a producirse. Gracias
a la intervención de Dios (símbolo de la figura pater-
na), Caín pudo redimirse y realizarse por otros medios
diferentes al simple uso de su superioridad física: des-

cubrió otra faceta de su personalidad, pudiendo adoptar una actitud más responsable frente a los demás. Además, puede apreciarse que esta redención tan sólo fue posible porque Dios tomó conciencia y aceptó reconocer su preferencia por Abel, algo que sin duda nos debería hacer reflexionar.

Por consiguiente, intervenir no implica ser unos padres abusivos y entrometidos, sino sencillamente mostrar a nuestros hijos que pueden ocupar otros roles diferentes a aquellos en que se ven encasillados como consecuencia de sus conflictos. Y es que debemos hacer hincapié en una cosa: nuestros niños no siempre requieren de presiones parentales para instalarse en la posición de «débil» o «fuerte», sino que esto puede responder perfectamente a su carácter o a los beneficios que esperan obtener como consecuencia de dicho posicionamiento. En este caso, seremos nosotros, de nuevo, quienes debamos ayudarles a salir de este callejón sin salida.

El caso particular de los adolescentes

Con los adolescentes, el modo de actuación resulta menos obvio, en primer lugar por un motivo de

carácter básicamente material: resulta difícil intervenir en una pelea o intentar separar a unos moceto-
nes hechos y derechos que nos sobrepasan en altura, y aún más si tenemos en cuenta que los conflictos
entre adolescentes suelen ser bastante potentes:
cuando el más joven comienza, por poner un ejemplo, a ser tan fuerte como el mayor, se lucha por una
redistribución de roles en la que hay mucho en juego. En cierto modo, es necesario que tenga lugar esta «inversión» de las fuerzas presentes, es decir, que el
«pequeño» acceda a una nueva posición y el «mayor» renuncie a la suya o, como mínimo, acepte
compartirla. Por tanto, más vale evitar intervenir en
esta partida, que se jugará de forma más fluida sin
nuestra participación.

Con los adolescentes nos enfrentamos, además,
a peleas bastante «sangrientas», y ello sin que se
aseste un solo golpe, sino simplemente intercam-
biando pequeñas sentencias de gran violencia y
muy desagradables: «Tú, gorda, cierra el pico», «¿Y a
ti quién te ha dado vela en este entierro, grano con
patas?», «Menudos pelos llevas, parece que hayas
metido la cabeza en el váter»… Estamos, de nuevo,
ante un peaje obligatorio: los hermanos adolescentes se proyectan entre sí sus dudas y sus carencias de

autoestima. El otro es un espejo que rechazamos pero que al mismo tiempo nos permite avanzar. Por muy doloroso que resulte, es necesario que esto ocurra. Por tanto, en las peleas entre adolescentes gozamos de un margen mayor a la hora de mantenernos a distancia que con los niños pequeños, siempre que, por supuesto, permanezcamos atentos ante los eventuales excesos. Pronto serán adultos, así que resulta bastante lógico empezar a dejar que se las arreglen solos en la gestión de sus relaciones.

Eso sí, nada impide hacer respetar un marco de mínimos, de forma que tengamos derecho a exigir que estas luchas verbales no tengan lugar durante las comidas familiares. Resulta totalmente legítimo reclamar una tregua en estos momentos privilegiados. Además, es preferible que estas disputas tan crueles no tengan lugar en presencia de testigos, ya que así la humillación no será tan fuerte.

Actuar, pero ¿cómo?

Volvamos a los más pequeños, con los que la necesidad de intervenir no deja lugar a dudas. El primer paso necesario e ineludible cuando el tono comienza a subir entre los niños o empiezan a llover golpes es decir «basta» o, más concretamente, poner punto y final a las eventuales desviaciones violentas, tanto físicas como verbales.

Si está en la otra punta de la casa y oye cómo, en su habitación, los niños empiezan a intercambiar improperios que se pasan de la raya y hasta le avergüenzan, por mucho que se sienta inclinado a no reaccionar porque esto no ha tenido lugar en su presencia, lo cierto es que lo ha oído. Así que no le queda más remedio que plantarse delante de ellos para informarles de que no puede aceptar que se hablen de esta forma: «Por muy enfadados que estéis el uno con el otro, no puedo aceptar esta forma de hablar, es intolerable». Tampoco tiene por qué tratarse exclusivamente de insultos. Las sentencias particularmente crueles, malvadas y despreciativas, que las hermanas suelen guardar en secreto, pueden ponerse a la misma altura que el lenguaje altisonante. Como es obvio, cada familia deberá establecer sus propios límites en función de sus costumbres. Evidentemente no existe una lista preestablecida de palabras o expresiones prohibidas, sino que depende de lo que cada uno esté dispuesto o no a tolerar.

Ahora bien, puede que estén pensando que esto no servirá de nada y que, en la siguiente pelea, volverán a usar el mismo vocabulario, impregnado de la misma violencia. Es cierto; pero, al menos, sabrán que están transgrediendo un límite claramente establecido, lo que constituirá una forma más que elocuente de atraer la intervención y el arbitraje de los padres. Como mínimo, las cosas estarán claras, de forma que sentirán en menor medida la angustia de estar cometiendo un exceso: de alguna forma, podrán pelearse con total tranquilidad, sabiendo que los padres están allí para garantizar el respeto de las reglas del juego y evitar los abusos.

Si se producen golpes, se hace indispensable proceder a una separación física, si es necesario sujetando a los jóvenes litigantes por los hombros. En este caso, es importante enviarlos a sus respectivos territorios: su habitación, si tienen una, o un rincón que les sea propio (la cama, el escritorio, etc.). En este espacio personal, del que sin duda alguna se habrán apropiado necesariamente, donde quizá escondan sus pequeños secretos, encontrarán un punto de apoyo y recursos para tranquilizarse. Tanto en caso de riña como en cualquier otra circunstancia, es totalmente imperativo velar por que en ningún caso se infrinjan ni ataquen estos lugares, que podríamos comparar con santuarios, ya que en cierto modo constituyen una parte de la psicología de cada uno de los componentes del grupo de hermanos, aunque se limiten a un simple cajón. En este sentido, los padres deberán hacer que todos los hermanos respeten la integridad de estos lugares.

La hora de las palabras

Ya los hemos separado y están tranquilizándose, cada uno en su rincón: pues bien, ahora es cuando llega la hora de las palabras, del diálogo, una fase fundamental en la medida en que la expresión verbal siempre restringe el recurso a la violencia. Se trata de que los padres ayuden a sus hijos a reflexionar sobre lo que acaba de ocurrir, a analizar la pelea y otorgarle un sentido. Pero cuidado, no debemos adoptar el rol del juez que se decide por una de las partes, cosa que, en cualquier caso, resulta imposible la mayoría de ocasiones: rara vez se está presente cuando se ha iniciado la riña, por lo que somos incapaces de saber quién tiene razón y quién no.

¡Dejad de pelearos!

Lo ideal sería, por el contrario, meterse en la piel de un mediador que escucha consecutivamente la versión de cada una de las partes y procura que las mismas puedan expresarse, tratando de hacer comprender a los litigantes lo que el otro desea decirle: «Sí, te ha robado el juguete y por eso tú le has pegado. ¿Pero por qué crees que lo ha hecho?». Debemos formular preguntas, para tender puentes entre ambos.

De ahí la importancia de que esta «elevación de acta» tras el conflicto tenga lugar en presencia de los dos protagonistas. De esta forma, evitaremos que los niños tengan la impresión de que se habla a sus espaldas, lo que sería ideal para echar más leña al fuego y relanzar el conflicto. Y lo más importante de todo: para dialogar hacen falta dos. ¿Hay que hablar inmediatamente tras la batalla o más tarde? Esto depende de los niños. Con algunos es mejor esperar a que se hayan tranquilizado, ya que se enfadan tanto que no son sensibles a las palabras. Por tanto, cabrá volver al incidente transcurridas unas horas, o el día siguiente, en un momento que resulte más oportuno. Con otros, por el contrario, es mejor hablar en medio de la acción, como por ejemplo con los tímidos o introvertidos: las peleas los sacan de sus casillas, de forma que por fin pueden exteriorizar su ira y su rencor, desahogarse. Por tanto, debemos aprovechar totalmente este momento «en caliente», ya que, de lo contrario, la válvula se cerrará sin que haya salido nada, sin que se haya dicho nada, y la disputa habrá sido en vano.

Si nos enfrentamos a un niño que no consigue expresarse verbalmente, podemos utilizar otras vías de comunicación, como por ejemplo el dibujo. Eso sí, que no cunda el pánico si dibuja un personaje destrozado en mil pedazos. Tan sólo estará ajustando las cuentas que no ha podido zanjar durante la pelea, llevando al extremo, en el plano simbólico en vez del real, sus pulsiones destructivas para liberarse de las mismas... hasta la próxima ocasión.

Esta función de mediador exige excepcionales dotes de paciencia y capacidad de escucha, ya que tras las explicaciones a menudo embrolladas de los niños se esconden asimismo, en particular, los mensajes que envían a los padres. Debemos ser capaces de oír lo que nos tienen que decir sobre nuestra actitud frente a ellos, y sobre el modo en que funciona la familia. Para ello, debemos estar dispuestos a acercarnos adonde nos quieran llevar, hasta su sufrimiento y sus acusaciones, una tarea nada fácil. En cualquier caso, si estamos pidiendo a nuestros hijos que se comprendan entre sí, primero deberán ser comprendidos en el sentido más importante de la expresión, es decir, en relación con lo que piensan y viven en lo más profundo de su interior.

Familia reconstituida o numerosa: instrucciones de uso

Algunas configuraciones familiares dificultan en cierta medida la intervención parental en las peleas fraternas, algo que se hace especialmente evidente en las familias reconstituidas, como ya hemos visto. Sin embargo, esto no significa en absoluto que debamos renunciar, sino más bien todo lo contrario. Si nos prohibimos entrometernos en los asuntos de los hermanastros con la excusa de que algunos no son hijos nuestros sino de nuestro cónyuge, y tememos beneficiar a los nuestros agravando así el conflicto, estaremos corriendo el riesgo de que nuestros hijastros nunca lleguen a reconocernos como alguien importante para ellos, y que la nueva familia no «cuaje» nunca.

Sin embargo, para ser eficaces debemos empezar por conjurar la culpabilidad que tantos adultos promueven en situaciones de este tipo. Si bien es cierto que la vivencia del divorcio de los padres hace sufrir a los niños y los lazos entre hermanastros son cualquier cosa menos sencillos, no lo es menos que debemos afrontar con la mayor serenidad posible las decisiones vitales que hemos tomado.

Cuando nos encontremos con que un hermanastro y su hermanastra se están pegando, es posible adoptar una actitud mucho más fácil que hundirse por lo inextricable de la situación, limitarse a analizar el problema a través del prisma exclusivo del estatus de padrastro o permitir que la situación degenere: pensemos sencillamente que estamos frente a dos niños pegándose y debemos separarlos, como si se tratase de unos vecinos en edad infantil o de hijos de amigos. En situaciones complejas, a veces debemos recurrir a actos reflejos «básicos». Al salir del contexto «dinamizado» que constituye la familia reconstituida, permitiremos también que los niños se desmarquen del mismo, dejando de ser simplemente hijos de divorciados, víctimas de cuestiones adultas que no deberían afectarles.

En cualquier caso, diga lo que diga, haga lo que haga, seguramente se ganará el grito enrabietado de uno de los niños, espetando: «¡Tú no puedes decirme nada porque no eres mi padre (o mi madre)!». Es cierto, pero sí es un adulto que vive bajo el mismo techo que él y, en esta calidad, no tiene por qué soportar las riñas cuyo estrépito y violencia rebasen su umbral de tolerancia.

Cada configuración familiar implica una problemática específica, y en las familias numerosas se puede tender a otra desviación: no intervenir cuando los niños se pegan, por pasividad, permitiendo que el hermano o los hermanos mayores arreglen el problema en nuestro lugar. A menudo, son los mismos «mayores» quienes solicitan ocupar esta posición de «árbitro», tan valiosa y cautivadora para los más pequeños. Sin embargo, si permitimos que asuman esta función autoritaria, se desmarcarán de la relación fraternal y trastocarán todos los equilibrios. Precisamente, las peleas deben seguir siendo momentos en que las alianzas fluctúen con flexibilidad, y en ningún caso convertirse en oportunidades para consolidar clanes, por ejemplo el de los «mayores» contra el de los «pequeños». En este caso, de nuevo, no nos quedará más remedio que arremangarnos la camisa y enfrentarnos cara a cara a los litigantes. Y es que la función de padres resulta dura y agotadora, pero también apasionante, porque no deja de enseñarnos cosas sobre nosotros mismos y sobre el ser humano, es decir, sobre los ingentes recursos que poseemos y que nos permiten superar con creces las situaciones difíciles.

Lo esencial

Negándonos a intervenir en las riñas de nuestros hijos estamos respaldando, de forma inconsciente, al más fuerte contra el más débil. Asimismo, los estaremos encasillando en los roles estereotipados de «dominante» y «dominado», de los que tendrán dificultades en deshacerse con posterioridad.

No obstante, en la adolescencia podemos adoptar un poco de distancia respecto a los conflictos entre hermanos, ya que se hace más difícil entrometerse en los asuntos de unas personas que ya son casi adultas.

En cuanto a las peleas entre niños más pequeños, debemos empezar por establecer con firmeza las reglas del juego: nada de excesos de violencia física o verbal. Y hacerlas respetar, en caso necesario separando físicamente a los niños.

Después deberemos actuar como mediadores, ayudándolos a expresar sus opiniones sobre la pelea y a comprender lo que pueden aprender de ella, pero sin tomar partido en ningún momento.

Capítulo 7

La valentía de hacer diferencias

Dando a cada uno de los niños la oportunidad de individualizarse en el grupo de hermanos les ayudaremos a desarrollarse lo máximo posible. Podemos conseguir esto reconociendo y valorando las diferencias entre hermanas y hermanos.

Durante muchos años, y particularmente en la época en que las familias eran más numerosas, se tuvo tendencia a considerar a los hermanos como un bloque indivisible, como una entidad en sí. Los padres educaban a sus hijos más como a un grupo que como a una suma de personalidades individuales. Por ejemplo, era bastante habitual que la madre comprase exactamente el mismo modelo de ropa para todos los niños o niñas en tallas diferentes, un poco como si el uniforme (por no decir la uniformización) fuese obligatorio entre hermanos. En la actualidad aún podemos observar esta actitud con los niños de forma muy frecuente.

La trampa de la igualdad

Posteriormente, la idea de que el niño también era una persona fue abriéndose paso entre la gente. Más concretamente, las nociones de individuo y de realización personal se generalizaron ampliamente en la sociedad moderna, lo que constituye el lado positivo del ascenso del individualismo. Como resultado, en la actualidad las familias razonan mucho más en términos individuales que colectivos, y se admite con mayor facilidad que cada uno de los hermanos pueda tener especificidades propias, aunque eso sí, hasta cierto punto.

Y es que todo esto tiene lugar como si nos diese miedo admitir las diferencias existentes entre los hijos, lo que en parte se debe, sin lugar a dudas, a una confusión presente en el lenguaje común: a menudo se entiende la expresión «diferenciar» como un sinónimo de «dar preferencia». Así, optando por un igualitarismo absoluto se espera asimismo (de forma totalmente ilusoria) escapar de la trampa de las injusticias. Veamos un caso muy habitual: el quebradero de cabeza que constituyen los regalos de Reyes. Muchos padres no se permiten ni la más mínima diferencia: respetan escrupulosamente el mismo presupuesto para cada uno de los hijos, y no se permiten otorgar un pequeño «plus» a uno de ellos aunque la situación lo justifique, por ejemplo porque ese año ha pedido un instrumento de música. ¿Qué puede haber de malo en promover su vocación de músico? El año siguiente ya podremos dar un regalo más «grande» a otro hermano o hermana para reequilibrar la balanza. Y sin embargo no lo hacemos, porque no nos parece justo. A fuerza de perseguir demasiado la obsesión de la igualdad absoluta podemos llegar a dejar de lado lo que hace especial a uno de nuestros niños, lo que sería toda una pérdida.

Por otra parte, tampoco debemos subestimar el carácter marcadamente práctico de las motivaciones que nos llevan a esta «estandarización». En el día a día, resulta a todas luces más fácil «gestionar» la relación fraternal de forma global en vez de considerar las particularidades de cada uno de sus componentes. En cualquier caso, esto es lo que creemos, aunque la realidad en ocasiones puede ser bastante diferente.

Analicemos ahora el caso de la madre que, con la intención de limitar el tiempo dedicado a leer cuentos a cada uno de sus dos hijos en la cama, antes de dormir, tuvo la idea de contar tan sólo uno para los dos. El resultado no estuvo, ni mucho menos, a la altura de sus expectativas, ya que el momento de irse a la cama se convirtió en una verdadera batalla en la que cada uno de los hermanos quería imponer «su» cuento. Cuando no conseguían salirse con la suya, se las arreglaban para arruinarlo todo. Con la intención de dar a los dos exactamente lo mismo, lo único que consiguió la madre fue promover sus rivalidades de forma involuntaria, como es evidente. Una solución posible habría consistido en leer una historia a cada uno de ellos, por turnos, en noches alternativas. Esta habría sido una buena forma de tomarlos en consideración de forma plena e individual, y al mismo tiempo dar cuenta de las limitaciones de que adolecen la mayor parte de los padres como consecuencia del cansancio y la falta de tiempo.

La necesidad de ser único

Todos los niños tienen la necesidad de sentir, en ocasiones, que son únicos a los ojos de sus padres, necesidad que, sin lugar a dudas, aumenta cuando hay muchos hermanos y la atención de los padres queda en cierta medida «diluida». Cuanto más se sientan reconocidos como individuos, y no simplemente como elementos del grupo, menos tenderán a hacer lo que sea con tal de atraer la atención y desmarcarse del «lote».

Efectivamente, una de las paradojas de la relación fraterna la constituye el riesgo de fusión. No hay nada que se parezca más a una persona que su hermano o hermana, ya que comparten un trozo de historia común. Ahora bien, la existencia de demasiadas similitudes entre hermanos puede llevarnos a la peligrosa vía de la indiferenciación y, por tanto, de la confusión de identidad. ¿Quién soy yo en relación con este hermano o hermana que tantos puntos en común tiene conmigo, quién no soy, qué me pertenece y qué no, dónde están los límites de mi persona? Este tipo de preguntas provoca una gran angustia en los niños y, sobre todo, les impide construir un sentimiento de confianza en sí mismos. Es por eso también por lo que a menudo querrán hacerse notar, para desmarcarse de sus hermanos y, de este modo, reafirmarse.

Por esta razón resulta tan importante otorgarles el derecho a la diferencia. Al reconocerlo en sus aspectos propios y específicos, el niño podrá estructurarse en el seno fraterno sin fundirse en él ni sentir angustia. Por otra parte, aceptar al niño como un ser único, más allá de las similitudes con sus hermanos, también supone enviarle el mensaje de que lo «aceptamos» en su totalidad, que consideramos importantes sus aspectos más personales: su mundo interior, su imaginación y sus ideas. De esta forma, permitiremos que el niño rebose de confianza en sí mismo, esté seguro de su valía y sienta estima por su persona: un bagaje inmejorable de cara al futuro.

La única solución para dar este regalo a un niño es dedicarle tiempo a él solo, sin la presencia de hermanos. No es necesario que sean horas, basta con instaurar pequeñas citas periódicas. Podríamos, a modo de ejemplo, contratar a una niñera durante una hora o pedir a los abuelos que se queden con los pequeños para irnos a patinar con el mayor, o bien escaparnos del trabajo para comer con uno de ellos, a solas, de doce a dos de la tarde. Como tampoco hay nada que nos impida ir al cine con uno mientras sus hermanos se quedan en casa con el otro progenitor. Estas actitudes no tienen nada de sorprendentes ni injustas, ya que cada cual tendrá su turno. Obviamente, esto requiere una organización impecable y dedicar esfuerzos suplementarios, pero desde luego vale la pena.

No obstante, debemos tener cuidado para no otorgar estos momentos privilegiados siempre al mismo niño, como también debemos evitar instalarnos en un reparto demasiado rígido: mamá al parque con el pequeño y papá a jugar al fútbol con el mayor. La idea es que «se debe rotar». Además, y muy especialmente, es importante seguir al niño a sus territorios preferidos. Él deberá elegir adónde desea llevar al padre, las pasiones que desea descubrirle, aunque en primera instancia no resulte demasiado atrayente. De esta forma, sentirá que cuenta para él y que el padre es capaz de personalizar su relación con él: lo que comparten tan sólo pertenece al niño y a los padres, al margen del resto de hermanos. Con una de las hijas hablarán de danza, mientras que con la otra la complicidad se articulará en torno al judo: zapatero a tus zapatos, y sin posibilidad de intromisión.

¡Dejad de pelearos!

La riqueza de la diferencia

Los niños necesitan sentirse únicos y, por tanto, esperan que los padres les otorguen el derecho a la diferencia. Basta con imaginar la pobreza de un grupo
de hermanos en el que todos están cortados por el
mismo patrón, con el mismo carácter y los mismos in-
tereses. ¡Qué triste! Y sin embargo, muy a menudo
tendemos a desear esta «normalización»: «Aprende
de tu hermana, mira lo tranquila que está», «Más
valdría que hicieses como tu hermano, que se orde-
na la habitación». Con frases de este tipo hacemos
creer a nuestros niños que nos gustaría que todos fuesen iguales y que nos molesta que sean diferentes.

Sin embargo, debemos adoptar un discurso totalmente opuesto. Imaginemos una familia con dos hijos, uno racional y ordenado (nunca se deja el estu-
che y los cuadernos, incluso cuando se va de
vacaciones) y el otro deportista y lúdico (nunca olvida el balón y los juegos). En vez de desear «alinearlos»
en función de las propias inclinaciones de los padres
(lo que conllevaría necesariamente la frustración de
uno de ellos), podemos percibir la situación de una
forma totalmente diferente: hacer que los dos niños
tomen conciencia de la riqueza que pueden apor-

tarles sus diferencias, ayudándoles a transformar la representación que tienen del otro, diciendo a uno: «¿Lo ves?, gracias a tu hermano siempre tenemos folios y lápices para dibujar; aunque estemos fuera de casa, siempre tenemos de todo porque lo tiene todo ordenado. ¿Está bien, eh?»; y al otro: «Menos mal que tu hermano siempre tiene ganas de jugar, así el ambiente en la casa está mucho más relajado». En vez de enfrentar al «razonable» con el «alocado», les mostraremos cómo pueden complementarse en beneficio de toda la familia. En vez de querer clonarlos, promoveremos su complementariedad, un terreno en el que podrán crearse complicidades fantásticas y duraderas.

Respetando las diferencias de cada uno de ellos en el seno fraterno, mostraremos a los hermanos que el grupo no constituye una amenaza que les vaya a impedir «individualizarse» y realizarse, y que su personalidad profunda no se verá aplastada por las exigencias colectivas. Esto les proporcionará asimismo oportunidades de que las relaciones fraternas perduren a largo plazo al no constituir una amenaza. Como todos los padres, sin lugar a dudas aspira a que los años separen lo menos posible a sus hijos. ¡Qué placer ver cómo, en edad adulta, se reencuentran y vuelven con felicidad a sus juegos y recuerdos infantiles!

Lo esencial

Nuestros abuelos concebían la relación de hermanos fundamentalmente como un grupo, y se preocupaban menos que en la actualidad de los individuos que la componían y sus especificidades.

En la actualidad, en un momento en que prima el individuo, podría creerse que esta tendencia es cosa del pasado; y, sin embargo, por miedo a dar preferencia o por comodidad, nos cuesta aceptar las diferencias existentes entre nuestros hijos.

Ahora bien, para estructurarse, un niño tiene necesidad de sentirse único en ocasiones, por lo que los padres deberán encontrar soluciones prácticas para dedicarle momentos personalizados.

También es importante explicar a nuestros hijos de qué forma pueden enriquecerles las diferencias de sus hermanos.

Conclusión

Enfrentarse a las peleas de los hijos, en ocasiones bastante violentas, puede parecer un desafío muy difícil de afrontar y, sobre todo, agotador. Si en ocasiones se ve superado por la desazón o la tentación de renuncia («mejor que se las arreglen ellos solitos»), aférrese a la certidumbre de que esta labor tendrá sus frutos en el futuro. En efecto, el niño utilizará todo lo que descubra en sus primeros años con sus hermanos en otras relaciones posteriores fuera del seno fraterno.

Si se ha tenido la oportunidad de vivir el vínculo fraterno en toda su complejidad, con la guía y compañía de los padres, se estará mejor equipado para afrontar cualquier tipo de relaciones humanas en lo sucesivo. Y no hay mejor regalo que este.

¿Qué habrá aprendido un niño expuesto a las vicisitudes del vínculo fraterno, cuando sus padres hayan sabido estar presentes de forma oportuna? Nada más y nada menos que la fraternidad y la alteridad; el respeto hacia el otro en su globalidad, en sus mejores y peores aspectos; la aceptación de sí mismo, también en lo bueno y en lo malo; y la capacidad de reconocer el sufrimiento que se haya podido infligir, a pesar de uno mismo, a un hermano o hermana. Experiencias estas que conservará a lo largo de toda su vida y a las que habrá accedido gracias a los padres, y a la intervención valiente y respetuosa de estos en las riñas entre hermanos.

Evidentemente, es posible que no se perciban los frutos de tanto esfuerzo de forma inmediata. Quizás, a pesar de todo, los hijos sigan pegándose como animales y tan sólo muestren la cara del «odio» de la moneda fraterna. Sin embargo, si considera importantes estos valores de fraternidad y se compromete a transmitirlos, no cabe ninguna duda de que sus hijos los llevarán en la maleta cuando abandonen el nido. Y no les quepa duda de que un día u otro sabrán cómo hacer suya esta herencia. Porque la fraternidad, tanto entre hermanos como fuera del seno fraterno, es algo que puede construirse en cualquier momento de la vida.

Bibliografía

Para adultos

ANGEL, Sylvie, *Des frères et des sœurs, la complexité des liens fraternels*, Robert Laffont, 1996.

CAMDESSUS, Brigitte, *La fratrie méconnue*, ESF, 1998.

LETT, Didier, *Histoire des frères et sœurs*, La Martinière, 2004.

POIVRE D'ARVOR, Patrick; POIVRE D'ARVOR, Olivier, *Frères et sœurs*, Balland, 2004.

RUFO, Marcel, *Frères et sœurs, une maladie d'amour*, Fayard, 2002. (*Hermanos y hermanas: una relación de amor y celos*, Grijalbo, 2004.)

SCELLES, Régine, *Frères et sœurs, complices et rivaux*, Fleurus, 2003.

Para niños

ANTIER, Edwige; LAMBLINC, Christian, *Le maman de Jules attend un bébé*, Nathan, 2001.

ASHBÉ, Jeanne, *Et dedans il y a*, École des Loisirs, 1997. (*¿Qué hay dentro?*, Editorial Corimbo, 2002.)

¡Dejad de pelearos!

Ashbé, Jeanne, *Et après, il y aura*, École des Loisirs, 2000.

Brami, Elizabeth, *Devenir frère ou sœur, petits bonheurs et petits bobos*, Seuil Jeunesse, 2000.

Dolto-Tolitch, Catherine, *Un bébé à la maison*, Gallimard Jeunesse, 1997. (*Un bebé en casa*, Edesa Grupo Didascalia, 1989.)

Dolto-Tolitch, Catherine; Faure-Poirée, Colline; Boucher, Joëlle, *Attendre un petit frère ou une petite sœur*, Gallimard Jeunesse, 1997.

Hublet, Jeanne, *Maman attend un bébé*, Fleurus, 2001.

Rey, Frédéric; Richerd, Anne; Maestri, Myriam, *Frères et sœurs pour la vie?*, La Martinière Jeunesse, 1999.

Vilcoq, Marianne, *J'attends un petit frère*, École des Loisirs, 2001. (*Espero un hermanito*, Editorial Corimbo, 2001.)

Direcciones útiles

Federación Española de Asociaciones de Terapia Familiar
Teléfono: 96 392 37 03 - C/ Pinzón, 10, 3.° 6.ª, 46003 Valencia.

APAG (Asociación de Psicoterapia Analítica Grupal)
Teléfono: 94 422 38 24 - C/ Manuel Allende, 19 bis, 48010 Bilbao.

UNAF (Unión Nacional de Asociaciones Familiares)
Teléfonos: 91 446 31 62 / 91 446 31 50 - C/ Alberto Aguilera, 3, 1.° Izda., 28015 Madrid.

Asociación Arcaduz de mediación familiar y atención al menor
Teléfono: 95 607 54 75 - C/ García Carrera, 43, 9.° B, 11009 Cádiz.

Asociación Salud y Familia
Teléfono: 93 268 24 53 - Vía Laietana, 40, 3.° 2.ª B, 08003 Barcelona.

¡Dejad de pelearos!

FAyPA (Asociación de Familias y Parejas)
Teléfono: 95 435 69 01 - C/ La María, 16 - Bajo Izda.
41008 Sevilla.

Índice

www.ingramcontent.com/pod-product-compliance
Lightning Source LLC
Chambersburg PA
CBHW070039110426
42741CB00036B/3003